産経NF文庫
ノンフィクション

北朝鮮がつくった韓国大統領
文在寅

李 相哲

潮書房光人新社

文庫版のはじめに

『産経新聞』に「韓国のかたち・文在寅政権実録」を連載し始めたのは文在寅が韓国大統領に就任して3カ月が経過した2017年8月、その時まで日本では文氏への関心は薄かった。

その時期に文在寅を書くことにしたのは、文氏登場後韓国は「従北・親中、反日・脱米」（北朝鮮の要求はすべて受け入れる代わりに日本には高姿勢で臨み、アメリカから離れることがあっても中国とは親しい関係を維持する）傾向を強めていたからだ。

それに加え、文氏には熱烈な支持者がいる半面、猛烈な批判者、文在寅嫌いの人々がいるなど文在寅に対する評価は克明に分かれていたからだ。巷間では文氏が大統領に当選する前から「実直で人好し」との評価があるかと思えば、二枚舌で嘘つきという評価もあった。

２０１６年1月、共に民主党代表の文在寅（当時）の再三の要請をうけいれ、同年4月に実施された総選挙を陣頭指揮した金鍾仁氏は後に「文在寅に会うときは録音機を持っていくべきだ」と言ったとされる。文氏は、平気で嘘をつくし、つくり話をする癖があるという意味だ。金鍾仁によれば、「文氏は、相手が言ってない話をネタに言論（メディア）プレーをする」。

長年、韓国内の北朝鮮スパイ工作や北朝鮮追随勢力の摘発を手がけてきた公安検事の高永宙（コヨンジュ）は２０１２年の大統領選挙が終わったあと、ある集会でこう話したことがある。「今般の大統領選挙で文在寅が落選したことで安堵した。幸いなことだ。文在寅が落選したのは我が国にまだ国運が残っているからだ。文在寅が大統領になれば韓国が赤化（北朝鮮化）するのは時間の問題だ」。

２０１２年の大統領選挙で朴槿恵に敗れた文氏は選挙キャンプの解団式にて「（次の選挙では）私ではない候補が選挙に出て第三の民主政府（金大中、盧武鉉に連なる3番目の左派政権）を樹立することを望む」と語ったが、1年も経っていないうちに前言を撤回し２０１３年12月、次期大統領選挙に出馬すると公言した。

２０１７年の大統領選挙が本格化の様相を呈していた同年1月20日、文在寅は釜山日本領事館前に建てられた「平和の少女像（慰安婦像）」をたずね、少女像の前に跪き、少女像の手をなでながら「寂しくはさせない」と意味不明なことばを口にした。誰がみても票を意識してのパフォーマンスであるのは明らかだった。筆者はその映像から文在寅という政治家の本質が見えてきたような気がした。

２０１７年の大統領選に立候補すると宣言した後に行われた、２０１６年12月の韓国外信記者クラブでの懇談会で文氏は日本との関係についてこう述べた。「多くの韓国国民は日本が軍事大国化の道を歩んでいると考えている」「日本は隣国に与えた苦痛に対しもうちょっと責任をとり、反省し、謝罪する姿勢が必要だ」。

政治家としての文氏の特徴は事実を無視、自分の主観をのべてから、あたかもそれが国民の意思かのように「多くの国民がこのように考える」と結論づけることだ。

その場で文氏は、日韓両政府の間でかわされた「慰安婦問題日韓合意」について、「正当性を認められない。慰安婦問題に対し日本がやるべきことは責任をみとめ、公式に謝罪することだ。お金はいらない」と言い切った。「被害者の同意がなにより大事だ」との持論をもつ文氏がこのようなことを被害者と相談をしたという話は聞いたことはない。

「お金10億円は重要ではない。日本は法的責任をみとめ、公式に謝罪するのが問題の本質であり核心であると国民は考える」(2016年12月15日)。

その後大統領に当選した文氏は、就任式にて「誰もが経験したことのない国を作る」と誓った。文氏のいう誰も経験したことのない国の姿は一体どういうものなのか。それを事実に基づいて描こうとしたのが連載「韓国のかたち」だった。連載が終わったのは2018年8月、『北朝鮮がつくった韓国大統領　文在寅政権実録』が刊行されたのは2カ月後の10月だ。出版社の狙いは「(文在寅)大統領はいかにして韓国を破壊したか」を日本の読者に知ってもらうためだった。

本ができた時は、文氏が「積弊清算(長年積もりにつもった弊害を一掃する)」と称して朴槿恵前政権の高官を次から次へと逮捕、起訴し、前政権と日本との間で結んだ約束を反故にする動きを露骨化していた時期だ。

その後、昨年10月、韓国では『金正恩がつくった韓国大統領』と題目を変えた翻訳本が出たが、1カ月の間に3回も増刷するほど関心を呼んだ。本が出版された後『ブリッジ(BRIDGE)経済新聞』(2014年創刊、100歳時代の同伴者を自称する)の「新刊紹介」は、「正直、この本の題目があまりにも強烈だったので手にとった。非難を受ける覚悟で書いたと思った」と記されていた。韓国最大の月刊誌『朝鮮』は、書評で「この本は文在寅政権出帆後、〝積弊清算〟という美名の下で行われた〝保守剔抉〟作業と法治主義の破壊、文在寅大統領の理念問題、文在寅政権の親北・反米姿勢を一目瞭然と整理した」「文在寅政権実録としても意味のある書物だ」と評した。

大統領に当選した日の夜、文氏は「明日から私は国民すべての大統領になる。私を支持しなかった方たちにも仕える統合大統領になる」と話したが、その後、文氏を支持しなかった人々は受難の時代を迎えている。「積弊清算」と称して文氏は朴槿恵前大統領、李明博元大統領を拘束し、裁判にかけた。

文政権は、積弊清算は国家の根幹を担う軍部、国情院を含む安保部門、大法院（最高裁判所）を含む司法部門、外交部を含む行政部門におよび、元大統領秘書室長、国情院の院長、大法院院長（最高裁判所裁判長）を含む元官僚、政治家１５０人以上を逮捕、起訴した。政権与党の共に民主党代表に至っては「保守を壊滅しなければならない」「（我々は）すくなくとも20年は政権を握るべきだ」と豪語したほどだ。

朴槿恵を弾劾に追い込み、保守勢力から政権を奪取した文氏とその周辺勢力は地方自治体までを掌握するため、公権力と大統領府の各部署を動員して２０１８年６月の地方選挙に介入したとされる。その反動が起きたのだろうか。

政権の顔色をうかがい、風向きをみて捜査方向を決めることで有名な韓国検察は、今年に入って文在寅大統領府の現職の秘書官５名を含め、文在寅の盟友で与党民主党が擁立した蔚山市市長など与党関係者13名の起訴に踏み切った。このことは、文政権の統治力に陰りが出始めた証拠とみてよいだろう。2月17日、野党自由韓国党は、保守勢力を結集して未来統合党を創党、来る4月の総選挙で文在寅とその政権を審判せよと国民に呼びかけている。

文在寅の大統領任期はまだ2年以上残されているが、この度、文庫化にあたっては、単行本『北朝鮮がつくった韓国大統領』刊行後に、韓国では何が進行しているかを日本の読者に報告するため『産経新聞』に連載した「実録　韓国のかたち　番外編——こわれゆく国家」を追加することにした。

「番外編」は、韓国与論を二分し、国民の大多数を反日と対立へと追い込んだ「玉ネギ男」騒動、反日騒ぎが始まった2019年8月以来の文在寅政権の記録である。

2020年2月

李　相哲

隣国で「国家の破壊」が進行している――はじめに

私が韓国に関心をもつようになったのは、アジアの新聞の歴史を専門とする関係上、どうしても朝鮮半島の歴史を勉強しなければならなかったからだ。その延長線上で、北朝鮮の歴史を調べたのが北朝鮮研究の始まりだったが、長年の研究で、私はある事実に気がついた。

それは、北朝鮮の社会制度、政府の構成、政策立案が韓国という存在を前提にしていること、そして一方の韓国もまた、北朝鮮という存在を前提に憲法が制定され、国家保安法など多くの法律、社会制度がつくられ、政策が練られていることである。

2017年5月の文在寅（ムンジェイン）政権誕生以来、韓国社会は分裂の度合いを深め、いまや社会全体が「精神分裂症状」を見せる状況となっている。それも、ひとえに北朝鮮という国が隣にいて、北朝鮮をめぐる愛憎が交差し、異なる主張が狭い国土を分裂させるからだ。

文在寅の北朝鮮に対する宥和（ゆうわ）姿勢を批判する者の多くは、それを「危険な博打（ばくち）」とみるが、支持者らは、平和をもたらすものだと歓呼する。

確かに、わずか1年前まで、米国は北朝鮮に対し軍事行動を辞さない構えで圧力をかけ続けるなど、一触即発の状態が続いた。18年の初めまで、朝鮮労働党委員長の金正恩（キムジョンウン）は「自分の執務室のテーブルには核ボタンがある」と、米国や日本、韓国を威嚇していた。

そのような緊張状態を一変させたのは、18年2月の平昌（ピョンチャン）冬季五輪を契機に文在寅が見せた北への宥和姿勢だった。文政権の北朝鮮に対する限りのない寛容な態度が功を奏したというべきだろう。

18年4月27日、11年ぶりの南北首脳会談が行われ、文在寅は「韓（朝鮮）半島ではこれ以降、戦争はないだろう。新たな平和時代が開かれたことを8千万のわが同胞に厳粛に闡明（せんめい）する」（「板門店（バンムンジョム）宣言」）と鼻高々に宣言した。その1カ月後の5月26日に行われた2回目の南北会談で、2人は固く抱き合い、頬をすりつけ合うなど親密ぶりを誇示した。

しかし、この2度目の南北会談でどのような会話が交わされたかについては、ほとんど知られていない。文在寅によれば「（金正恩は）非核化の意思をはっきりと表明した」という（翌27日の記者会見）。

この結果を受けて、いったん中止とされた米大統領トランプと金正恩による米朝首脳会談は、6月12日に予定通り開催された。後に、米大統領補佐官（国家安全保障問題担当）のジョン・ボルトンは、「金正恩は文在寅に1年以内に非核化すると約束した」と明らかにしたが、文政権がその情報を米国に伝えたのは2回目の南北会談後であった可能性が高い。ボルトンの話が本当であれば、米朝首脳会談が予定通り行われたのは、文政権が金正恩から「『非核化の約束』を取り付けた」と米側に告げたからではないだろうか。

しかし、金正恩が「そんな約束をした覚えはない」と言い出せば、いままでの非核化の努力は一瞬にして水の泡になる可能性もある。いまのところ、金正恩が嘘をついたか、文在寅が金正恩の言葉を聞き間違ったのかは判然としないが、本音のところで北朝鮮は、非核化などしたくはないようだ。

米朝首脳会談で、金正恩は朝鮮半島の完全な非核化に向けて努力する意思は表明したが（6月12日の米朝首脳会談共同声明）、米国が求める「完全かつ検証可能で不可逆的な非核化（CVID）」も約束していない。

北朝鮮は豊渓里（プンゲリ）にある核実験場を爆破、破棄し、朝鮮戦争で亡くなった米兵の遺骨を米国に返還するなど、米国との信頼醸成に努力する姿勢をみせたが、トランプ政権は「金正恩はまだ非核化に向けての実質的な措置はとっていない」として、制裁緩和には踏み切っていない。

南北首脳会談、米朝首脳会談、中朝首脳会談で所期の目標を達成した金正恩からは非核化を急ぐそぶりはうかがえない。そもそも金正恩が挑発的な態度から対話に転じたのは朝鮮半島に平和をもたらすためではなく、別の2つの目標があったからだ。まずは、予測のつかないトランプ政権が軍事行動を起こすかもしれないという危機感にかられ、米国の攻撃をかわすためで、次に、国連安全保障理事会の決議に基づく経済制裁網を破るためだった。

米朝首脳会談を通じて北朝鮮が手にした最大の収穫は、当面、米国の軍事攻撃を心配しなくてもよい局面をつくったこと、南北首脳会談を通じて国連の経済制裁を一定程度、無力化することに成功したことだ。

現在（2018年9月）、米国は金正恩が文在寅に約束したという1年以内の非核化を「信じて」、北朝鮮に核リストの提出と非核化へのロードマップの提示を求めている状況だ。具体的には「8カ月以内（18年4月から計算すれば1年以内）に、大陸間弾道ミサイルの一部と核弾頭の6割程度を国外搬出する」ことを求め、実質的な行動を見せてほしいと圧力をかけている。いまのところ北朝鮮が米国の求めに応じる気配はない。

そこで米国はつい最近、北朝鮮籍の貨物船や北朝鮮と取引のある中国とロシアの個人、会社を制裁リストに追加するなど制裁をむしろ強化した。

このような膠着（こうちゃく）状態に焦りだしたのが韓国の文政権だ。7月13日、文在寅は米朝首脳会談が行われたシンガポールを訪問。「米朝は、シンガポールで交わした共同声明の約束を守らなければならない。さもなければ、国際社会から厳しい審判を受けるだろう」と、約束履行を促した。

それに対し北朝鮮は「驚愕（きょうがく）を禁じ得ないのは（文在寅が）突然、裁判官になったかのように振る舞い、恐れも知らず、勝手に口を動かしている」（7月20日付労働新聞）と激しく非難した。

北朝鮮当局の立場を代弁する労働新聞の論調を見るかぎり、金正恩もいらだっている。
「（文政権は）現実に対するはっきりした主張も、情勢に対する初歩的な判断能力もなしにジタバタしている。恥ずかしいかぎりだ」（同）
文在寅は政権の座についた当初より、朝鮮半島問題解決のキーマン、すなわち「運転者」を自任してきたが、北朝鮮はそれをこう揶揄（やゆ）した。
「西側の言論さえ（文政権を）運転者どころか傍観者、夢遊病患者だと嘲笑している。バラ色の幻想を見ているのではないか」（同）
そして北朝鮮は、米朝首脳会談後、朝鮮半島問題が漂流している原因は、韓国が米国の顔色をうかがっているからだと主張する。
「われわれは南朝鮮当局の言葉と行動を鋭意注視している。今からでも遅くないから（文政権は）正気を取り戻し、民心の要求にしたがい、外勢（米国など外部の敵対勢力を指す言葉）に追従するのではなく、正真正銘の自主統一の道、わが民族同士の道に出てこなければならない」
しかし、文在寅は北朝鮮と経済交流を拡大し、信頼関係をつくれば、非核化の問題はそのうち解決するのでないかという幻想に浸っているようだ。

北の呼びかけに呼応するかのように、文政権は、北朝鮮に対して科してきた独自の制裁を緩和する動きをみせている。最近は米国の牽制も顧みず、さまざまな交流事業を進めている。

南北交流事業は外部にはあまり知られていないが、かつてないほど活況を呈している。

9月14日には、米国政府の懸念をよそに、北朝鮮の開城工業団地に「南北共同連絡事務所」の開設を強行した。

もはや米国と国際社会の顔色をうかがう必要もないということかもしれない。連絡事務所に必要との理由で、文政権は、国連が北朝鮮への輸出を制限している油類80トンと鉄鋼、銅など制裁品116トンを北朝鮮に搬出し、これからも続ける構えだ。

そして年内には、休戦状態にある朝鮮戦争を終わらせるための「終戦宣言」に漕ぎつけるつもりで米国や中国を説得して回っている。文政権は、終戦宣言をし、経済交流を拡大して北朝鮮と信頼関係を構築していけば、その過程に非核化はおのずと実現するだろうと夢想しているのだ。

韓国では戦争を終わらせるための「終戦宣言」に応じない米国を非難する声もあるが、終戦宣言をするには、そもそも朝鮮戦争を起こした張本人の北朝鮮が、まず損害賠償の責任があることを認め、謝罪しなければならない。つまり休戦状態を終わらせるためには、詰めなければならない課題は山積しているのだ。

終戦を宣言すれば、米国は北朝鮮に対し軍事的な圧力をかけにくくなるうえ、韓国国内の米軍駆逐運動が勢いづくのは必至だ。

これは金正恩にとって願ってもなかった展開だ。金正恩が核を手放さないのは、体制安全のためだという見方もあるが、それより、金正恩には遠大な目標があるのではないか。核保有の目的は、朝鮮半島の統一のためで、その目的達成に必要不可欠の条件となるからだ。

北朝鮮は建国以来、ずっと南北統一を追求してきた。1950年の朝鮮戦争で韓国を奇襲、武力で統一を果たそうとした金日成(キムイルソン)の野望は米国の介入で失敗に終わるが、その後も北朝鮮は目標を捨てなかった。「祖国統一」は金日成の遺訓であり、金正恩はその教示を実践しなければならない。

そのために北朝鮮は韓国を圧倒する軍事力が必要であったが、核を保有しただけでは不十分だ。米軍が韓国にいる限り、核を持っていても、勝てないことは金正恩も知っている。北朝鮮の第1の目標は、まず、米軍を朝鮮半島から駆逐すること。北朝鮮が米国を攻撃できる大陸間弾道ミサイル開発に国運をかけたのは、米国と戦うためでなく、米軍に朝鮮半島問題から手を引くように脅迫するためだ。経済規模で韓国の40分に1に満たない北朝鮮が、朝鮮半島の統一を果たすとは想像しにくいが、文政権と脈を同じくする左派政権が続けば、可能性はゼロではないと心配する韓国人は増えている。

韓国左派の特徴は、人権を声高く唱えながらも、北朝鮮人民の人権に対しては沈黙、韓国の独裁政権には抵抗しながらも北朝鮮独裁政権には好意的であること、韓国政府よりは北朝鮮政府に正統性があると主張するところにある。

こうした状況下で「日本は手をこまねいている、蚊帳の外にいる」と心配する声もあるが、北朝鮮はそう思っていないようだ。

最近、北朝鮮は一日も欠かさずメディアを動員して日本批判を展開している。裏を返せば、日本の対北朝鮮政策が的を射ていることの証拠だ。日本は、シンガポールで米朝首脳会談が行われた後もぶれずに「完全な非核化なしに制裁緩和はない」との態度を貫いている。

米国にとっても日本は頼もしい存在だ。トランプは大統領就任後、首相の安倍晋三と二十数回にわたり電話会談を行い、6回も会っている。最近ではトランプは、18年9月に3度目の南北首脳会談を控えた文在寅をよそに、安倍に電話をかけてきて「今後の北朝鮮に対する方針について綿密な打ち合わせを行った」（8月22日、公邸前での記者会見）。

北朝鮮はこのような日米の動きを逐一チェックしているのではないか。日朝関係が動くのは米朝関係が行き詰まったときだ。02年9月、小泉純一郎と金正日による日朝首脳会談が実現したのは、北朝鮮を「悪の枢軸」と非難し、軍事攻撃も辞さない構えの米大統領ジョージ・W・ブッシュと親しい小泉を動かし、緊張局面を打開しようとする金正日（キムジョンイル）の計算があったからだ。

いま、世界中の指導者のなかでトランプと良好な関係を保っている指導者が安倍晋三であることを北朝鮮は知らないはずがない。
一刻もはやく拉致被害者を救出しなければならない日本の「弱み」に付け込んで、北朝鮮は対話を持ちかける可能性もある。日本は焦る必要は全くないのではないか。最近、北朝鮮が日本人観光客を拘束しては「追放」するという異例な対応を見せたのは、日本が米国の頭越しに対話に応じざるを得ない状況をつくるためかもしれない。
いま、日本政府は、北朝鮮の非核化問題が進展を見せていない状況で北朝鮮と対話すべきか、あるいは、非核化の進展を見ながらその結果を受けて話し合いに応じるかという選択を迫られている。拉致問題解決や国益に適うものなら対話を拒む必要はなく、「外交」交渉では米国や韓国と必ずしも歩調を合わせる必要はない。

ただ、日本はこれからも国際社会に対し「対北朝鮮原則」を貫く必要がある。北朝鮮の完全な非核化と拉致問題に象徴される人権問題の解決なしに制裁緩和はすべきではなく、関係改善もないという原則に沿って、日米同盟をさらに強化、韓国が日米韓三角同盟から逃げないように関係を強化する努力を続ける必要がある。

本書は、文在寅のような親北朝鮮志向を隠そうとしない政治家が、なぜ大統領に当選し、国民の支持を得ているかを探ったものだ。

2016年秋から翌17年春まで続いた「ロウソクデモ」で、当時の大統領、朴槿恵（パククネ）を政権の座から引きずりおろし、大統領に当選した文在寅は政権発足以来、前政権の過ちを見つけ出すことに夢中だ。

政府機関のほぼすべての部署に市民活動家を中核に据えた調査委員会、作業部会をつくり、保守政権時代の「積弊（長年積もった不正、腐敗の弊害）」を清算すると称して、再調査・再捜査を行い、政策を見直している。それは国家機密を扱う国家情報院、外交部も例外ではない。

韓国紙、中央日報元論説委員の金振（キムジン）は「文在寅政権による国家の破壊が進行中だ」（18年4月20日、保守系ネットメディア「ペン&マイク」）とし、こう指摘する。

「いま、韓国では法秩序の破壊、道徳性の破壊、国家のアイデンティティーの破壊、安保の破壊が行われている。ところが、誰もそれを阻止できずにいる」

本書により読者の皆さんが、壊れていく隣国の「国のかたち」について理解を深めてくださるなら、望外の喜びである。

２０１８年9月18日

李　相哲

北朝鮮がつくった韓国大統領 文在寅――目次

序章　左派に占領された韓国メディア

第1章　南北会談の秘められた深意

第2章 文政権は北の崩壊を望まない

第3章　左派との内戦に敗れた朴槿恵

第4章　積弊に執着する歴代左派政権

第5章　保守派への恐怖政治

北朝鮮がつくった韓国大統領　文在寅

序章　左派に占領された韓国メディア

メディア界に吹き荒れる積弊清算の嵐

韓国社会が混乱に陥りやすい最大の原因はメディアにあると診断する学者は多い。韓国に一定規模を誇るマス・メディアが誕生したのは1920年代、日本の植民地統治下においてだ。当時のマス・メディアは新聞であり、報道活動の名の下、民族精神を鼓吹し、日本への抵抗を呼びかけることを目的とした。事実よりは主張を大事にし、メディアを権力と戦う手段にした。その伝統はいまでも受け継がれているが、近年ではその弊害が出ている。

文在寅政権発足後、韓国では「革命的な状況」が続く。国家レベルで進められている「積弊（長年積もった弊害）」清算は、メディア業界にも波及している。

韓国3大地上波テレビの一つ、文化放送（MBC）のオ・ジョンファン報道本部長は、社内の雰囲気を社内掲示板にこう書きこんだ。

「ある日突然、私たちを『積弊』と呼ぶ勢力が現れた。『清算するぞ』『牢屋に送ってやる』と脅したりもした。私には、『積弊』という言葉が、解放後、革命勢力（金日成追随者たち）が私の祖父に使った『反動分子』と同じ言葉に聞こえた」

　戦後の北朝鮮では、資本家や地主、知識人、宗教家が、人民を搾取し苦しめたとして「反動分子」のレッテルを貼られ、弾圧された。

　世界基督教会議の中央委員などを歴任した著名な社会活動家で牧師、故姜元龍（カンウォンリョン）は、当時の北朝鮮の雰囲気について筆者にこう話したことがある。

　45年8月下旬だった。いつのまにか姜の周りには互いを「ドンム（同志）」と呼ぶ派閥ができた。彼らがデモをやろうとするので、姜は「日本軍の武装解除がまだ終わってないから危ない」と反対した。するとその場で「反動分子」にされ、人民裁判にかけられることになった。群衆の前に引きずり出されながら、これでおしまいだと思ったという。姜は、処刑される前に、15分だけ話すチャンスをくれと言った。「チャンスをやろう」とする派と「駄目だ」という派との間で喧嘩（けんか）になったが、結局15分の時間が与えられた。

「その時は雄弁を振るったよ。5分がたつと群衆がどよめき、拍手した。10分たつと歓声が沸（わ）いた。それで放免された。『ここは住めるところではない』と思い、その日

の夜、38度線を越えた」(姜元龍)

それから70年が経ったいま、韓国で似たような状況が再現されようとしていると、MBCのオは嘆く。ソウル大学法学部で公法を学び、1991年にMBCに入社したオは、警察担当記者を経て看板番組「MBC100分討論」「時事マガジン2580」のプロデューサーを務め、報道本部長に昇進したが、文政権誕生後、「積弊」対象にされた。左派団体「全国民主労働組合総連盟(民労総)」の下部組織である「全国言論労働組合(言論労組)」が組織するストライキに同調せず、番組を制作し続けたからだ。

言論労組MBC本部が社長の金章謙(キムジャンギョム)退陣を求めストライキに突入したのは文政権発足3カ月後の17年8月だ。金が「報道局長時代、幹部社員に言論労組脱退を勧告し、社長に就任後は労組員の一部に対し左遷と思われる人事を行い、放送の公正性を毀損し、組合員を弾圧した」と糾弾したのだ。

言論労組はまた、MBCの経営を監督・管理する「放送文化振興会理事会(放文振)」の高永宙(コヨンジュ)理事長(文在寅を「姿を変えた共産主義者」と主張してきた)をはじめ、保守性向の理事の退陣も要求した。

退陣に応じない理事に対し労組員たちは「家族に危害を加える」と脅迫、それでも辞任を拒む理事に対しては、職場に押しかけプラカードを手に「デモ」を行い、辞めるまで付きまとった。

労組の執拗（しつよう）な嫌がらせは功を奏し、理事会の保守性向の理事は10月までに辞任、代わりに左派寄りの理事が就任し、理事会は左派が多数を占めることとなった。その後、理事会では、金章謙社長の解任が可決された。

辞任せざるを得ない状況に追い込まれた金は「この度は（政権の）放送掌握にありとあらゆる手段が動員された。私が最後の犠牲者になることを願う」との声明を発表、任期2年4カ月を残しＭＢＣを去るが、その後「労組活動に不当に介入した」罪で起訴され、現在裁判を受けている。

オが「積弊」対象として脅されたのは、このような騒ぎが続く最中だった。オによれば、李明博（イミョンバク）、朴槿恵（パククネ）両政権時代に長期間のストを敢行したため職位を解除され、ＭＢＣを解雇された社員が続々と復帰を果たし、「突然われわれの前に現れ、法律や社規を無視し、各部署を接収した」「組織暴力団員が対抗組織の事業所を接収するありさまを見ているようだった」。

金章謙の代わりに社長に就任したのは12年6月、「不法ストへの参与」が問題となって解雇された崔承浩（チェスンホ）だ。就任が決まった崔は「組織（ＭＢＣ）を壊したものに対しては厳格な調査を実施するつもりだ」と表明し、その後、オのように言論労組と一線を画す社員や幹部に対する調査を開始した。

オは、「文政権と労組の言論掌握はいまや完成段階にさしかかっている。圧力に耐えられず『死んだ方がましだ』と絶叫する同僚社員と同じく、私を含め、いま多くの社員が恐怖に怯（おび）えている」と文章を締めくくる。

金大中・盧武鉉時代から始まった偏向

韓国で公営放送が政治に敏感に反応するようになったのは、近年のことではない。２０１８年に出版された『ミチン（狂った）言論』を書いたソン・チャンギョンによれば「韓国放送公社（日本のＮＨＫに相当。通称ＫＢＳ）が左偏向の色彩を帯びるようになったのは、１９９８年から２００８年までの金大中（キムデジュン）、盧武鉉（ノムヒョン）両政権時代からだ」という。ＫＢＳ解説委員などを歴任し、現在ＫＢＳ公営労組（言論労組とは異なる労組）の委員長を務めるソンは、著書の中で「韓国のメディアは言論と称するには恥ずかしい」と批判、その実態を告発する。

政権交代後、言論労組ＫＢＳ本部もストを開始、朴槿恵政権で理事に任命された保守性向の理事の退陣を求めた。中には労組の圧力に屈せず、法的に定められた任期を全うすべく抵抗する理事もいた。最後の最後まで辞任を拒んだ明知大学の姜ヒョンギュ教授は後に当時のことをこう振り返る。

「彼らは集団で大学に押しかけ、高性能マイクとスピーカーで授業を妨害し、キャンパス内で私を誹謗中傷するチラシを配った。言論労組の委員長たるものは私に、『今度は話だけではすまないからね』と脅してきた」

労組員たちは姜のクレジットカードの内訳や人間関係を調べ上げては「辞任しないと恥をかくことになる」と脅した。それでも、定期理事会に参加しようとする姜を阻止するため労組員たちは会議場に連なる道の両側に列を作り、会議場に入ろうとする姜を押しつけるなど実力行使に出た。韓国メディアによれば、そのとき姜に暴力をふるった労組委員長を含む数人はいま、特殊傷害、公務執行妨害の容疑で検察に起訴意見が送致された状態だ。

大学で中国現代史を教える教授は筆者に「中国文化大革命中に赤い腕章をつけ校長先生や自分の担任の先生を運動場に引きずりだして暴行を加えていた『紅衛兵』が、いまの韓国にもいる」と説明した。

盧武鉉は大統領就任後、選挙を強力に後押ししてくれた左派のハンギョレ新聞の論説主幹、鄭淵珠を社長に任命した。鄭社長の下、ＫＢＳは社内に南北交流協力団（局長級補職）を立ち上げ、北朝鮮との交流事業を積極的に推進した。03年8月には、北朝鮮メディアと合作で「平壌のど自慢」を開催するが、終了後高価な中継車両、装備、機材を「老朽化した」と称して平壌に残したことが問題になったことがあった。

また、数十億ウォンを北朝鮮に支払い、大河ドラマ「サユクシン」を外注制作したり、高額な協賛金を支払って平壌コンサートを中継したり、北朝鮮に対する「支援」を惜しまなかった。KBSの看板番組の一つ「人物現代史」では、平壌に密入国して世界青年学生祝典に参加し、金日成に抱きつくなどして世界を驚かせた林琇卿（イムスギョン）や、韓国では北朝鮮工作員の疑いがかけられていた在ドイツ韓国人学者、宋斗律（ソンドユル）、金日成と親交の深かった音楽家、尹伊桑（ユンイサン）らに対する評価を見直す番組を制作した。

朴槿恵政権は誕生と同時にこのような政治色の強いメディアと戦わなければならなかった。朴政権の没落は一義的に、メディアの支持を得ることができなかったからと言ってよい。『狂った言論』のソンによれば、「言論労組に牛耳られたメディアは、はじめから朴槿恵には敵意を持っていた」。

大統領に当選したあと、朴が最初にぶつかったのが首相の人選だった。初代首相に「大統領職引受委員会」の座長を務める金容俊（キムヨンジュン）を指名するが、わずか5日目に辞退に追い込まれた。メディアが金の息子の兵役逃れ疑惑を報じ、金本人の過去の不動産取引関連資料を調べ上げ、集中砲火を浴びせたからだ。

それまでメディアにさらされたことのない金は記者会見で涙を浮かべこう言った。

「このような状態が続けば、朴槿恵政権の組閣を邪魔することになるので辞退を決意した」

その後、朴は立て続けに6人の首相候補者を指名するが、このうち3人は国会の人事聴聞会に立つことすらできず「落馬」した。メディアの猛烈な攻撃にさらされたからだ。

メディアの猛攻で首相候補が相次ぎ落馬

２０１４年４月の旅客船セウォル号沈没事故発生後の５月、首相候補者に指名された文昌克（ムンチャングク）は、日本の植民地統治を擁護するような発言をしたとして落馬した。メディアが問題にしたのはその3年前に文がある教会で行った講演だった。

首相指名を受けた日の夜のニュース番組でKBSは、90分に及ぶ講演（教会での「干証（告白）」）テープから数十秒間を切り取り、文はかつて、「日本の植民地支配は神様のご意思だった」と発言したと報じた。

元記者で大手新聞社の主筆を務めた文は、講演のために膨大な資料を調べ上げ、1800年代の前半から植民地時代までの韓国の現代史を振り返りながら、「神様はわれわれに試練を与えてくれた、覚醒すべきである」と語った。

講演冒頭、文は、1832年、韓国を訪れた宣教師が当時の朝鮮（当時は朝鮮朝、純祖32年）をどう見たかについて説明した。宣教師はこう記録したという。

「朝鮮の人々は不潔と貧困の中で自分の生涯を送っている。私が会った人たちの皮膚は例外なく垢(あか)に覆われていた。数カ月も頭を洗わなかったせいか髪の毛はシラミだらけだったが、私たちが見ている前で、それを掴(つか)んで殺すことを躊躇(ちゅうちょ)しなかった」

また、1890年代に朝鮮を見て回り『朝鮮とその隣の国』を書いたイギリス人女性の記録も紹介した。女性は釜山(プサン)から入国し、北上しながら新義州(シニジュ)や山奥の江界(カンゲ)まで朝鮮の各地をくまなく見た。当然ソウル見物もした。彼女の目にソウルは『くさいにおいが漂う道に人糞が散乱していて歩くことすらできない』町だったという。女性の記録によれば、「人口800人のある地方には百姓の人口より官吏の人口が多かった。百姓はこのような官吏を食べさせることに精一杯だった」。

その後、韓国はキリスト教を受け入れたが、1910年に日本の植民地になった。

「では、神様はなぜわれわれを保護してくださらないで日本の植民地にされたのでしょう」と問いかけた後、文はこう続けた。

「神様のご意思があったのです。『君たちは李氏朝鮮500年、怠けた民族だ。君たちには試練が必要だ』と。（中略）神様はわれわれに36年間の苦難を与えたあと、独立を許した。これすべては神様のご意思だ」

KBSが流したのはこの部分だ。報道があった後、文はメディアの集中豪雨的な囲み取材に遭い、しばらくは外を歩けない状況が続き、結局辞退した。

労組に乗っ取られた「狂った言論」

現在、言論労組に加入しているメディアは、KBS、MBCを含め132社、加入者は約1万3千人に上る。『狂った言論』のソンによれば「彼（彼女）らが毎日、洪水のような左偏向の報道を流し、韓国世論をリードしている」。

しかも、言論労組は文在寅政権の最大の支持基盤である左派団体で、80万人の加入者を誇る「民労総」と連帯、他に数百の市民団体とも共闘関係にある。

言論労組規約の総則では、「国内外他の労組、労働団体および民主社会団体と連帯し」（第5条）、「労組の政治勢力化」（第6条）を図ることになっている。

朴槿恵政権は「無謀」にもこのような言論労組、民労総を敵に回した。大統領就任後、朴は不法なストには厳格に対処すると公言した。

民労総と朴槿恵政権の最初の戦いは就任10カ月後の2013年12月、民労総傘下の韓国鉄道公社労働組合のストに端を発した。ストは22日間続いたが、朴政権は妥協不可の立場を貫いた。それまでの歴代政権は、民労総傘下の「強盛労組」(頑固で妥協しない強い労組という意味)として知られる鉄道労組に手を焼き、手をつけることができず適当な線で妥協してきた。ところが、朴政権はストを中止しようとしない労組の執行部関係者194名を告訴し、スト参加者6千余名を職位解除する形で正面突破を図った。

ストが2週目に突入した13年12月17日、大検察庁は、首謀者10名に対する逮捕令状を発給し、6千人余りの警察力を動員して労組幹部の身柄拘束に動いた。ストは結局、労組側が折れる形で収拾するが、このような朴政権の姿勢は民労総の憤怒を買うのに十分だった。

民労総は10万人の組合員をソウル広場に集め労働界の総ストを宣布し、「全国教職員労働組合(全教組)」など左派市民団体、統合進歩党(統進党)、正義党などの野党と連帯して朴槿恵退陣運動を始めた。総ストは14年1月まで続き、2月に入ってからは「国民総スト」と称して、朴退陣を求める。

このような総ストを伴う国民総決起運動が最高潮に達したのは15年11月14日だ。デモ隊は鉄のパイプ、棍棒や竹の槍を手に持ち、鉄の梯子を使いポリスラインとなったバスの壁を越える実力行使に出た。デモでは１００人を超える負傷者を出し、50台の警察車両が破壊された。

警察は、デモは民労総が事前に企画したものだと断定した。前もって鉄パイプや警察車両を倒すのに必要なロープ、鉄の梯子、覆面を大量に購入して配布した点に注目、執行部が暴力を教唆扇動したとして逮捕状が出た。

与党セヌリ党（当時）は声明を発表して「民労総など53団体が行った今回のデモは法治国家の根幹を揺るがす暴力デモだ。常習的に反政府デモを行う市民団体と利敵（北朝鮮を利する団体）団体による公権力に対する挑戦だ」と糾弾した。

朴槿恵政権が首謀者の民労総委員長、ハン・サンギュンを逮捕したのは15年12月だ。その間、朴槿恵は、左派を量産する温床となっているとされる全国教職員労働組合（全教組）を非合法団体に指定、左派教科書を廃止し、保守系の価値観を反映させた国定教科書策定を急ぐ傍ら、「進歩左派」勢力の大統合を標榜し結成され、６人の国会議員を輩出した統合進歩党（統進党）を極左勢力、憲法秩序を破壊する政党だと断じて解散させた。

統進党は政党支持率調査で3％をたたき出すほど根強い支持層を持っていた。韓国の有権者人口を4千万人（2018年の統計で4193万人）とすれば、120万人の韓国人が統進党を支持している計算になる。それに加えて、民労総の80万人、全教組会員5万人（統進党支持層と重なる場合もあるが）を合算すると無視できない勢力だ。

朴政権の国政運営はこの100万人を超える左派性向の人々の壁を越えなければならないというジレンマを抱えていた。

マリー・アントワネットにされた朴槿恵

そんな中の2016年10月、左派系有線テレビJTBCが、朴槿恵政権がこれまで、ある民間人女性に操られ「国政を壟断（ろうだん）」された疑惑があり、その物証（タブレットPC）を入手したと報じた。

詳しくは第3章で述べるが、『狂った言論』のソンは、「そのとき言論は〝槿恵嫌悪フレーム〟を作った。弾劾は、言論が組織的に設計し実行した〝工作〟だったのだ」と断じる。

メディアが作ったフレームはこうだ。演説文すら書けない朴槿恵は、父、朴正熙（パクチョンヒ）に郷愁を覚える保守派勢力によって大統領の座に就いた。しかし、国政を司る能力はなく、本当は操られていた。宗教家を名乗る崔太敏（チェテミン）という怪しい人物に精神をコントロールされ、崔が死亡した後はその娘、崔順実（チェスンシル）（本名「チェ・ソウォン」）に頼ってきた。

朴は、この一家とは20代から関係を持ち続け、大統領になってからは崔がタブレットPCを持って、大統領の演説文を修正し、国務に関する資料を閲覧しながら国政に介入したというものだ（これらの部分は、いずれも後に無罪になる）。

疑惑が報じられると国民の党（当時）所属議員で盧武鉉政権時代に統一部長官を務めた鄭東泳（チョンドンヨン）は「これは韓国版ラスプーチン事件」だと非難した。ラスプーチンとは帝政ロシアの皇帝ニコライ2世の歓心を得て国政を壟断し、ロシアを没落に導いたいかがわしい修道士として知られる。

韓国メディアは、朴槿恵が国政運営の何を間違い、どんな問題が発生したかを検証せず女性大統領の知られざる隠密な生活を執拗に探り始めた。その中でもメディアが関心を示したのが、セウォル号沈没事故当日の大統領の「空白の7時間」だった。その時間に、大統領は官邸で美容施術を受けた、巫女（みこ）を呼んでシャーマニズム行事（グッパン）を行った、バイアグラを大量に購入した、髪のセットに数時間を費やしたとの報道が相次ぎ、事故で大勢の人命が失われようとするその瞬間、朴は某男性と密会していたのではないかとの疑惑まで持ち出された。

末梢神経を刺激するセンセーショナルな報道は、大衆を煽るためでもあった。このような報道を終日目にするようになった群衆は、ロウソクを手に広場に集まりデモを繰り広げた。デモ隊は偽の断頭台をつくり、朴槿恵人形を吊して行進した。時代劇で宮女たちが王妃（朴槿恵の顔をした王妃）に「賜薬（王様が下賜した毒薬）」を飲ませる写真を拡大して掲げ、行進した。そのデモ隊に混じって子供たちは紙で作った朴槿恵の首をボールにして蹴るありさまだった。

デモには、大統領有力候補の文在寅も参加、「政権交代がなければ革命しかない」と群衆を煽った。

当時、そのような情景を確認するため韓国を訪れた筆者に、月刊誌「月刊朝鮮」に勤める友人はこう解説してくれた。

「いま韓国では18世紀のパリ革命が再現されようとしている。朴槿恵はマリー・アントワネット王妃のような運命をたどるかもしれない。メディアの報道で葬られるだろう」

小説家、遠藤周作が好きだという友人は、フランス革命前夜のパリは、エロティックで、ポルノ的な文学が流行したとも説明した。文学作品の主題は、マリー・アントワネットだった。お気に入りたちとの同性愛、たくさんの男たちとの乱交を描いたポルノや、王妃が自分の子供と不適切な関係を持つというパンフレットが大衆の中に広まり、王妃は風刺され、卑しめられた。

18歳の時に王妃になったマリー・アントワネットはもともと遊び好きだったため、毎日のように劇場や舞踏会、賭博場で、大衆の中に紛れ、享楽に夢中になり、朝になるまでヴェルサイユ宮に戻らないこともしばしばだったので、貴族たちの反感を買った。

フランス革命を研究した専門家の考証では、「パンがなければケーキを食べればよい」という言葉は王妃が言ったものではなかった。フランス革命に関する研究論文によれば、彼女に関する多くの噂は、王妃を革命の生贄（いけにえ）にしようとする貴族たちが広めたデマだったという。

彼女にかけられた嫌疑の多くは確実な証拠がなかった。裁判所は8歳になる王妃の息子に酒を飲ませ、「母との関係」を認めさせ、王妃を近親相姦の罪で処刑した。

文政権下で正義の言論は失踪した

2018年8月24日、ソウル高等法院は、賄賂、職権乱用、権利行使妨害など18の容疑で起訴された朴槿恵の2審宣告公判で、懲役25年、罰金200億ウォンを宣告した。他に、在任中に国家情報院から特別活動費を上納させた容疑でも裁判を受けている。この裁判の1審宣告公判では、懲役8年、追徴金33億ウォンを宣告された。裁判をボイコットしている朴に判決がそのまま適用されれば、朴は99歳にならないと刑期が終わらない。

2審公判の部長判事は、1審（懲役24年）より刑を重くした理由を判決文にこうつづった。「朴前大統領は犯行をすべて否認し、むしろ責任を周辺に転嫁する態度を見せた」。そして「正当な理由もなく裁判に協力しないなど反省の態度を見せていない」。

朴槿恵が裁判のボイコットを始めたのは、拘束されて180日目を迎える17年10月16日以降だ。韓国の刑事訴訟法では、1審拘束期間は6カ月と定められている。ソウル中央地方裁判所は、1次拘束令状には含まれていなかった、サムスングループ以外の財閥企業からも賄賂を受け取ろうとした容疑を追加、拘束延長の令状を発給した。拘束期間をさらに6カ月延長する決定をした部長判事は、事由書にこう書いた。「被告人は容疑をすべて否認している。釈放した場合、証拠隠滅の恐れがあるため拘束を延長する必要性、相当性が認定される」

朴槿恵の拘束後、裁判を一回も欠かさず傍聴してきた「月刊朝鮮」元記者のウ・ジョンチャンは「朴大統領はそれまで週4回、1回につき10時間を超える裁判に耐え、まじめに対応した。しかし、これでは公正な裁判は望めないと判断したのではないか」と話した。

それまで沈黙を貫いてきた朴槿恵は、拘束延長の決定を受けて声明を発表した。

「裁判を通じて真実を明らかにすべく淡々と耐えてきた。裁判は、政治的な外風と世論の圧力に屈せず、ひたすら憲法と良心に基づいて行われると信じたが、そのような（裁判所に対する）信頼は意味がないという結論に達した」

そして、「法治の名を借りた政治報復は私を最後に終わることを願う。すべての責任追及は私に限定してほしい。私のために法廷に立たされている公職者、企業人には寛容であってほしい」との立場を表明した。裁判をボイコットしたのは、裁判が公正ではなく、政治報復に思えたからと述べたのだ。韓国においては、裁判は、法解釈を含め判事の裁量権に左右される場合が多いようだ。

朴槿恵に対する2審宣告公判の6日前の8月18日、ソウル中央地裁は、文在寅の側近中の側近として知られる慶尚南道（キョンサンナムド）知事、金慶洙（キムギョンス）に対する拘束令状請求を棄却した。

金は、インターネット上のポータルサイトで書き込み数を操作する方法により世論操作を図った「ドゥルキング（世論操作ソフトを開発した中心人物のユーザー名、ドゥルキング事件に関与した一味全体をさす場合もある）」と共謀し、８８４０万回の操作に関与し、公職選挙法違反、業務妨害容疑がかけられていたが、裁判所は「証拠隠滅の可能性に関する説明が不十分であり、被疑者の住居や職業を総合的に考慮した場合、拘束事由と必要性および相当性は認定しがたい」としたのだ。

18年6月13日の地方選挙で慶尚南道知事に当選した金は、ソウル大学在学中に「利敵表現物（北朝鮮を賛美、擁護するチラシなど）」を配布した罪で2年の懲役刑を受けた前科がある。盧武鉉政権時代、大統領秘書室長だった文在寅の下で秘書官を務め、盧武鉉が大統領を退いた後も秘書役を買って出た「盧武鉉の最後の秘書官」、文の腹心として知られる人物だ（17年6月2日付ハンギョレ新聞）。

韓国の裁判所の判断が、どのような基準でなされているかは不明な場合が多い。同じく世論操作に関与したとされる、李明博政権で国家情報院長を務めた元世勲（ウォンセフン）は、拘束され裁判を受けた。

文政権は、前政権に関連のある人物、事件には容赦のない厳しい態度を取っている。18年上半期、韓国法院（裁判所）は11万8千件を超える捜索・差し押さえ令状を発給した。平均して1日650回も捜査機関が誰かの家やオフィスを捜索、携帯電話、銀行口座を押収して調べている計算になる。

18年だけで韓国検察はサムスングループに対し10回も家宅捜索を行った。サムスン電子本社4回、サムスン電子サービス3回、サムスン経済研究所など中核会社に対し無差別な捜索・差し押さえを行った。朝鮮日報によれば、「『労組瓦解(がかい)疑惑(労働組合をつぶす工作)』捜査チームはサムスン経済研究所に現れ、研究所の資料を手当たり次第に漁って持っていった」「こんな雰囲気の中では落ち着いて仕事ができないと不満を漏らす社員が多い」(18年8月23日付)。

文政権に批判的な多くの学者、ジャーナリスト、弁護士は口をそろえて言う。「自由民主主義社会では、正義を実現するのは言論(メディア)と法治、正当な手続きだ。文政権下ではこの3つがすべて失踪してしまった」

第1章　南北会談の秘められた深意

文在寅が引用した金日成主義者の言葉

「こちらに立ちますか」

南北の軍事境界線がある板門店(パンムンジョム)。晴れ渡った空の下、文在寅(ムンジェイン)がこう促すと、金正恩(キムジョンウン)は縁石をひょいとまたいだ。南北分断後、北の最高指導者が初めて韓国入りした瞬間だった。2人は笑顔で手をつないだ。

「歴史的」と評された2018年4月27日の南北首脳会談。演出された政治劇の布石となったのは2月の平昌冬季五輪だった。

2月9日。各国の首脳らが集う平昌五輪の開幕レセプション会場に現れた文は、やはり満面の笑みを浮かべて次のように歓迎の辞を述べた。

「私が尊敬する韓国の思想家、申栄福(シンヨンボク)先生は冬の寒さを耐えるために隣の人の体温を利用するのを、〝原始的友情〟だと温かく表現されました」

いてつく寒さの中で温かい友情を分かちあおうと、さりげなく「韓国の思想家」の言葉を引用したと考えた首脳もいたかもしれない。しかし、北朝鮮の最高人民会議常任委員長、金永南（キムヨンナム）だけは文の「深意」を瞬時に察したのではないだろうか。

申は北朝鮮の朝鮮労働党の指令の下、韓国国内につくられた地下組織「統一革命党（統革党）」党員だった。統革党が韓国の有力者を抱き込み、合法的な政党を目指していた矢先の１９６８年、韓国当局に摘発された。

武装した工作船１隻、無線機７台、機関銃12丁、拳銃などが押収されたこの事件では、１５８人が検挙された。主犯格の金鍾泰（キムジョンテ）ら３人は死刑、申も１、２審で死刑判決を受けたが最高裁で無期懲役に減刑された。

韓国の情報機関、韓国中央情報部（ＫＣＩＡ、現在の国家情報院の前身）の捜査報告書によれば、北朝鮮へ密入国した金鍾泰は４回にわたって最高指導者の金日成（キムイルソン）と面談、工作資金を受け取った。

申はソウル大学経済学部を卒業後、陸軍士官学校教官として在職中に統革党に入党したのだった。

ＫＣＩＡの捜査報告書は「統一革命党（統革党）は表向き革新政党を名乗り、合法化された組織として反政府・反米デモを展開するなど政府に攻撃をしかけ、騒擾状態を誘発することを目的に据え活動した」と記す。

処刑された金鍾泰に金日成は「英雄称号」を授与、海州師範学校を「金鍾泰師範学校」に改称するなどして功績をたたえ、韓国政府には服役中の申栄福の身柄引き渡しを執拗に要求した。

北朝鮮は、ベトナム戦争後ベトナムに抑留された韓国の外交官ら3人の解放に協力するとし、3人と申の身柄を交換しようと提案してきた。

当時、金永南は朝鮮労働党国際担当書記として外交の一線で活躍していた。申に関する記憶は今も鮮やかなはずだ。

88年、申は転向書（思想を変える意思を表明する誓約書）を書き、その後仮釈放された。しかし、自分は転向していないと公言し続けた。釈放直後の月刊誌のインタビューでは「確かに転向書は書いたが、これからも統革党に加わったときと同じく活動を続けるつもりだ」と話した。

平昌五輪という平和の祭典で文在寅が申の言葉を使ったのは思いつきでなく、綿密に準備されたものだったことがその後明らかになる。

２０１８年２月10日、文は金永南と党第１副部長の金与正（キムヨジョン）を青瓦台に招き、中が書いたとされる「通」をモチーフにした書の作品の前で記念撮影をした。作品は特別に制作されたものだったという。北からの賓客を喜ばせるためだったのか、自分（文）が何を考えているかを暗示するためだったかは不明だ。

学生時代に金日成思想に傾倒した元運動家で、転向後は保守系の政治家となり、京畿道（キョンギド）知事などを務めた金文洙（キムムンス）は韓国の保守系ネットテレビでこう話した。

「申は金日成の指示に従い大韓民国を転覆しようとした人物だ。（韓国の大統領がこんな考えを持っていることを）どうすればよいのか。夜も眠れない」

70年前の「南北会談」から異なる統一観

北朝鮮が豊渓里の核実験場を廃棄すると伝えられた２０１８年４月21日。朝鮮労働党の機関紙、労働新聞に、70年前に開かれた「南北朝鮮連席会議」を記念した新切手のイラストが掲載された。真ん中には右の手を高くあげ歓呼する群衆にむけ微笑む（ほほえむ）若き日の金日成。その前には韓国で独立の英雄として尊敬される金九（キムグ）が恭しい（うやうやしい）姿勢で立っている。

金九は文在寅が深い敬意を示す人物だ。

会議が開かれたのは1948年4月19日。南朝鮮（当時）からは41の政党・社会団体を代表する395人が参加したが、その代表的な人物が金九だった。

韓国ではこの会合を「南北現代史上『初の首脳会談』」（2010年2月3日、「ハンギョレ21」）とたたえる人々がいる。左派と呼ばれる学者や政治家らだ。

1920年代、中国の上海を拠点に「大韓民国臨時政府」の主席として、日本の要人暗殺を指揮するなど独立運動を繰り広げた金九が韓国に帰還したのは45年11月。朝鮮半島はすでに38度線を境に2つに分かれ、対立の兆しを見せていた。

45年12月、モスクワでは戦勝国の米・英・ソ連の外相会議が開かれ、朝鮮の統治体制について協議が行われた。米ソは朝鮮の各政党などと協議して臨時政府を設置、米英中ソで信託統治を行った後、統一政府を樹立する方針が決められた。

当時、ソウルでは雨後のタケノコのごとく小政党が乱立、離合集散を繰り返しながら主導権争いに明け暮れていた。そのなかで主要な政治勢力を形成したのが中国帰りの金九、米国帰りの李承晩（イスンマン）（後の韓国初代大統領）、中道左派の呂運亨（ヨウンヒョン）だったが、彼らはこぞって信託統治に反対した。

金九は「われわれがなぜ西洋人の靴を履くのか。草履を履こう。洋服も脱ぎすてよう」「わが民族は全滅することはあっても信託統治だけは受け入れてはならない」と主張した。

これらの運動の中で金九に追随する団体が、彼らの運動に加担しなかった韓国民主党初代党首の宋鎮禹（ソンジヌ）を暗殺した。

一方の北朝鮮では金日成がソ連軍政の支持を背景に地主の土地を没収して住民に分譲し、民族資本家や日本人が所有していた工場を奪い、人民の手に委ねるなどして、住民の歓心を得て政権基盤をつくっていた。

近年、ロシア政府が公開した旧ソ連の資料によれば、スターリンは朝鮮半島に進駐してすぐ単独政府をつくるつもりで金日成に指令を出した。

そのようなソ連・金日成側の思惑を知るはずのない金九は48年2月、南北要人会談を呼び掛ける手紙を金日成に出し、「南北同時に総選挙を実施して統一政府をつくろう」と呼びかけた。南北協力のもと、統一政府の樹立は可能だと信じていたのだ。

金九は手紙にこう書いた。

「われわれは自分自身の体が半分に分かれることはあっても祖国が分断されるのを見ることはできないではないか」

しかし、金九の絶叫が金日成の耳に届くはずはなかった。金日成にとって南側は対等な話し相手ではなく、やがては自分たちに従わせるだけの存在としか見ていなかったからだ。

金九を利用しようとした金日成側は、北朝鮮の政党・団体の名義で南側に「全朝鮮諸政党・社会団体代表者連席会議」を提案した。これが南北融和や統一とはかけ離れた希代の〝欺瞞(ぎまん)〟だったということは後に判明する。

70年前の「初の南北会談」から既に統一のビジョンが異なっていた北と南。2018年4月27日の南北首脳会談直前に労働新聞が突然、金日成と金九の絵を掲載したことには、どんな意味が込められていたのだろうか。

「建国日」をめぐる左派と保守の対立

2017年12月、中国を公式訪問した文在寅は訪中の締めくくりに内陸部の重慶市を訪ね、韓国の独立運動家、金九が拠点としていた「大韓民国臨時政府」の旧庁舎を韓国大統領として初めて訪れた。

金九が使ったとされる筆や机、寝具を見て回ったあと独立運動家の子孫らとの懇談会でこう話した。

「ここに来てみてわが先烈たちが中国各地を転々としながら抗日独立運動にささげた

血と涙、魂と息吹を感じました」

芳名録には、こう書いた。

「大韓民国臨時政府はわれわれの根っこ。われわれの精神である」

文が分刻みの日程を割いてわざわざ重慶を訪れたのには深い意味があった。

韓国ではいまだに「建国日」をめぐり左派と保守系が激しく対立している。左派は日本統治下で独立を目指した「三・一運動」が起きた1919年3月1日が、大韓民国政府が樹立された日であると主張。一方の保守派は、民主的な手続きにのっとって政府樹立を宣布した48年8月15日としている。

文は大統領就任直後、「大韓民国の建国は1948年」と記述した朴槿恵（パククネ）政権時代の「国定教科書」の廃止を発表した。17年8月には、大統領就任後初の「光復節」（日本による朝鮮半島統治からの解放記念日）の祝辞で「2019年、大韓民国は建国と臨時政府樹立100年を迎える」と述べた。

これまで建国日とされてきた1948年8月15日を否定、1919年4月12日、上海で結成された亡命政府樹立記念日を建国日とする姿勢を明確にしたのだ。

左派勢力が「1948年8月」を否定する理由はおもに2つある。

ひとつは韓国で建国の主体となったのは日本の植民地統治に協力した官僚、資本家らだったという事実だ。しかし、北朝鮮では親日勢力を人民裁判で裁いた後、国をつくったので正統性があるとみる。左派の一部が北朝鮮に連帯感を覚える理由はここにある。

もうひとつは、48年樹立の韓国政府は米国や反共主義など「外部勢力」に依存してきた政府だという主張だ。一方の北朝鮮は「民族・自主」を国是とする。左派にとって今の保守勢力の多くは親日派の子孫であり、独裁政権に〝寄生〟してきた人々。清算すべき「積弊」対象は「親日」に集約されている。

大韓民国臨時政府は1919年3月、上海フランス租界でつくられた。臨時政府が中国各地を転々としながら重慶にたどりつき拠点を構えたのは1940年。蔣介石の国民党政府は臨時政府を正式には認めなかったが、主席の金九をはじめ独立運動家らと家族に居場所を提供、活動資金を提供した。

文が建国日にこだわる理由を左派系メディアはこう解釈する。「1919年起源論（韓国建国）の核心は〝国民主権〟〝民族共同体〟、すなわち同じ民族にある」（「オーマイニュース」）

当時の朝鮮半島は日本の統治下にはあったが、南北はひとつだった。48年の建国は北朝鮮を抜きにした分離選挙でできた単独政府だから正統性は認められないという主張だ。

臨時政府で同志だった李承晩と金九が決別することになった決定的な理由も統一政府樹立をめぐる意見の違いだった。金九は民族が一つになれるなら金日成の共産主義勢力とも手を結ぶつもりだった。

「共産主義者の道具」をたたえた文在寅

終戦直後から朝鮮戦争が勃発する1950年6月までの期間を韓国では「解放空間」と呼ぶ。日本支配からの解放後、朝鮮半島で真っ先に主導権を握ったのは左翼勢力を代表する呂運亨、金日成・朴憲永(パクホニョン)が率いる急進的共産主義勢力、朝鮮共産党だった。

朴は当初、呂と活動をともにするが決別し、46年霊柩車(れいきゅう)に隠れて北へ入る。後に北朝鮮で内閣副総理などを務めた。朴が北へ渡った後の47年7月、呂は暗殺された。

南朝鮮(当時)では金日成と統一政府をつくることに懐疑的な世論が高まり、主要政治家の多くが南の単独政府樹立を主張するようになったが、47年12月、単独政府派の著名言論人、張徳秀(チャンドクス)が自宅で射殺されるなど世情は混乱を極めた。

くしくもそのタイミングに金日成は、統一民主国家樹立を話しあう「連席会議」参加を南側に呼びかけた。南側で単独政府樹立の動きが進むのを止めたかったからだ。金九が南北協議に応じることに、政敵はもとより、側近らも反対したとされる。金九は呂らへの暗殺事件への関与が疑われ、裁判をうける身だったが、平壌行きを決行する。

後に、金九は当時の心境を次のように語った。

「北が準備した式場に付き添い役として呼ばれているのではないかという指摘もあるが、とにかく行くのが正しいと思う」

米側も会議への参加に反対だった。軍政庁のホッジ長官は、「南から金日成が主催する会議に参加する人々の中には〝有名な人（金九らを指す）〟もいる。大多数は共産主義者の道具として朝鮮をソ連の衛星国家にするつもりの者たちだ」と声明を発表した。結果的に金日成の平和工作に利用される金九を、文は重慶を訪ねてまでたたえたのだった。

金九が拠点とし、文が左派政権の正統性を求めた大韓民国臨時政府。しかし、保守系の知識人らからは「臨時政府がつくられた当時、韓国は日本の植民地だった。臨政は領土や国民を実効支配したわけではない。領土も国民も主権もない国がこの世に存在するというのか」と疑問の声が出る。

韓国経済新聞の主筆、鄭奎載(チョンギュジェ)は「臨時政府は領土、国民、主権を持っていなかった。左派が建国を１９１９年だと強弁するのは政治的な意図がある」と主張する。

２０１７年12月、慰安婦問題をめぐる日韓合意の検証結果が発表された際、「問題の再燃は避けられない」と否定的な見解が盛り込まれたが、検証が必要だった理由として、左派政権の底流に反日姿勢があることが挙げられる。

韓国の左派にとって反日は善であり、方便でもあり、自己肯定の手段であるともいえる。それは「建国日」という韓国という国の成り立ちをめぐる論争とも関係している。

左派政権は反日を国内的には保守崩しに、対外的には植民地統治を受けた側の「道徳的優位性」を示す手段に利用する。

それは、文の訪中での「中韓は近代史の苦難をともに経て克服した同志だ」「韓国人は中国人が経た苦しく痛ましい事件に深い同質感を持っている」との発言によく表れている。

このような文政権の価値観は慰安婦合意の検証作業だけでなく、朝鮮半島有事の対応にも暗い影を落としている。

文は訪中で日米韓の安保協力を軍事同盟に発展させないと中国側へ「約束」した。半島有事の際の国益より左派的な価値観を優先した言動といえる。

韓国には、旅行者も含め約5万7千人の日本人が滞在しているが、半島有事の際の日本人の退避方法などについて、文政権は日本との事前協議に応じていない。

半世紀近く韓国現代史を研究、数多くの歴史書を執筆した元大学教授はこう嘆く。

「文政権は現実誤認、歴史誤認がはなはだしい。これでは未来はない」

金日成と話し合ったって仕方ない

韓国では初代大統領、李承晩への評価は今でも分かれている。「彼がいなければ南では政府をつくることもできず北朝鮮に共産化されていたはず」（韓国学中央研究院名誉教授のヤン・ドンアン）、「南北分断をもたらした点で相当否定的だ」（韓国外国語大学教授のバン・ビョンユル）とする意見だ。

李は徹底した反ソ連・反共産主義者でもあった。

「（朝鮮半島内の）共産主義者はソ連と同じだ。家族の一員であっても共産主義者は拒否しろ。共産主義者は破壊主義者だから（権力を握ったら）一人残らず逮捕する」

「あなたの弟であっても、共産主義の訓練を受けたなら彼はもうあなたの弟ではない」などの発言でも有名だ。

そして、ソ連の指令を受ける金日成の南側への平和攻勢は欺瞞戦術にすぎないとみていた。

李は1906年、米国に留学。ハーバード大学で修士学位を、プリンストン大学で博士学位を取得した後、ハワイで韓人学校の校長を務めるなど教育活動に従事した。17年に「独立精神」などを発表。教育者、言論人、著述家として有名だった李が政治家として広く知られるようになったのは19年4月、上海につくられた「大韓民国臨時政府」の国務総理に選ばれた後だ（後に路線対立で解任）。

李は米国を拠点に独立運動を続けていたが45年10月16日に韓国に帰国した。重慶の「大韓民国臨時政府」主席の金九より一足早かった。

当時、左翼勢力は急進共産主義勢力と合作してソウルに「朝鮮人民共和国」を発足、あろうことか李を主席に指名していた。韓国の人々は李がどんな考えをもっている人かを十分理解していなかったからだ。

帰国演説で李は「民族大同団結」を呼びかけ、すぐに独立促成中央協議会（促成会）を発足して65の政党を一堂にあつめた。帰国からわずか1週間で李は主要政治勢力の代表に躍り出た。

李は、左右を問わず群小政党を一つにまとめようと試みるが一番の障害は朴憲泳率いる朝鮮共産党だった。李は朴と長時間の単独会談を行うが共産主義を極端に嫌う李と急進的共産主義者の朴に接点はなかった。

一方の北朝鮮では地方から中央まで人民委員会がつくられ、ソ連式国家建設が着々と進んでいた。46年2月、金日成が委員長に就任し共産主義勢力以外の政党・団体の存在を排除した。そして南側には統一政権樹立を呼びかけた。

「金日成の平和攻勢の目的は南韓（韓国）に政府が樹立されるのを阻止することでした。南韓の政治勢力を分裂させ、共産主義勢力のみを抱き込み、南北全体を支配する政府をつくることでした」（ヤン・ドンアン）

李がそのときすでに金日成の本当の目的を看破していたかどうかはわからないが、金日成の呼びかけに応じて南北連席会議参加をきめた金九に対し、こう言い放っている。

「金日成と話し合ったって仕方ないだろう。いっそのことソ連と話し合ったらどうだ」

48年5月に南朝鮮（当時）では共産主義系、民族系の政党が参加を拒否したまま総選挙が行われた。7月に李を大統領に指名、8月15日、大韓民国の建国を宣布した。

韓国の左派が李を否定するのは、48年の建国が南北分断を固定化したこと、南側で単独政権をつくらず北朝鮮との合作を模索していれば統一もあり得たと考えるからだ。

約束を交わしては破ってきた北朝鮮

「いくら良い約束や文書があってもそれを守らなければ意味がない」

２０１８年4月27日、板門店の韓国側施設「平和の家」で文在寅との南北首脳会談に臨んだ金正恩は、冒頭のあいさつでこう話した。

これに先立つ70年前、初の南北首脳会談と一部で評される「南北連席会議」を前に後の韓国初代大統領、李承晩が発した「金日成と話し合ったって仕方ないだろう」という言葉と、コインの表裏のようにみえる。南北間では実際、約束を交わしては破ることが繰り返されてきた。

文と正恩の首脳会談後に発表された「板門店宣言」を読むかぎり、正恩が言及した「約束」とは07年、文が韓国大統領秘書官として正恩の父、金正日（キムジョンイル）に面会したとき交わした約束とみられる。当時の大統領、盧武鉉（ノムヒョン）は北朝鮮経済を底上げするための莫大（ばくだい）

な投資を約束したのだ。

正恩は「11年の歳月が長かった」とも言った。約束の履行を11年も待ったという嫌みにも聞こえたが、そこまで考えなかったのか文は終始上機嫌だった。

むしろ文は、会談の場で1992年（発効）の南北非核化宣言における北朝鮮の「非核化の約束」を問いただすべきだった。

91年12月31日、南北は「朝鮮半島の非核化に関する共同宣言（非核化宣言、発効は92年2月）」に署名した。6項目からなる「非核化宣言」の序文にはこう記された。

「南と北は朝鮮半島を非核化して核戦争の危険を除去する」

その目的を実現するため南北は「核兵器の実験や製造、生産、保有、貯蔵、配備、使用をしない」「非核化を検証するため相手が選定し双方が合意する対象について査察を実施する」ことなどを取り決めた。

これが韓国で報じられたのは翌日の92年1月1日。当時ソウルで南北平和統一研究所を運営していた董勲（ドンフン）は「元日の朝、新聞を開いてびっくりしました。『南北非核化宣言に合意』との大きな見出しが目に入ったからです」と振り返る。

南北間で、非核化について話し合いを始めたのは、北朝鮮が、核施設が集中する寧（ニョン）

辺（ピョン）の５ＭＷ原子炉を稼働して数年がたち、核開発疑惑が持ち上がった87年ごろだ。

共同宣言では「核再処理施設は保有しない」と明文化しながらも、原子炉から取り出した燃料棒をどう扱うかについては言及しなかった。

しかし、北朝鮮は大きな見返りを得ることができた。米韓軍事合同演習、チームスピリットを韓国側に一方的に中断させた。そして、国際社会が北朝鮮に求めていた核施設に対する強制査察は国際原子力機関（ＩＡＥＡ）と話し合うべき事項だとして合意文書には盛り込まなかったのだ。韓国側が最後の最後まで要求した「相互強制査察に関する規定」を合意文書に盛り込むのを北朝鮮は拒み続けた。

「北韓（北朝鮮）は、初めから合意は履行不可能だと知っていた。韓国側もそれは守れるはずのないことを知っていた」

韓国の有力月刊誌「新東亜」は、南北非核化宣言を検証する特集号でこう指摘した。

それではなぜ合意文書に署名したのか。新東亜は米高官への取材をもとにこう分析する。

「それは米国の要請によるものだった。ソ連の脅威が消えた状況下で米国は全世界に配備していた戦術核を撤去しはじめた。その際、韓国にある戦術核などを撤去するかわりに北朝鮮の核を解決するという方法を考え付いたのだ」

北朝鮮が非核化に「同意」するふりをしたのはソ連や東欧など社会主義国の崩壊に危機感を募らせていたからだ。

米国が北朝鮮の本質を見抜けなかったのか、韓国が一時的な成果にこだわったからなのか。冒頭の李承晩の言葉ではないが、南北の基本的な構図は今でも変わっていないように思える。

父親譲りの「率直さ」を見せた正恩

2018年4月27日の南北首脳会談で、文在寅は金正恩と長時間協議し、晩餐会を楽しみ、2人きりの散策までした。文は正恩の印象を「率直で淡泊、礼儀正しかった」と振り返った。

3日後の4月30日に大統領府で開かれた補佐官会議で文は、板門店の歩道橋での会談を懐かしむようにこう述べた。「静かで鳥がさえずるその光景が本当に良かった」。心和むひとときだったという意味だろうか。

正恩は、幼少時代に自分をわが子のようにかわいがった叔父を高射砲で無残に殺し、異母兄を神経ガスで死に追いやったとされる人物だ。

文に会った正恩は「冷麺」を引き合いに冗談まで言ってみせた。どちらが本物の正恩なのか。映像を見た多くの人が混乱したのではないだろうか。

しかし、過去の首脳会談でも北朝鮮の指導者は同じ〝率直さ〟を演じた。00年6月13日、初めて平壌を訪れた韓国大統領の金大中（キムデジュン）に金正日は礼を尽くした。空港から宿舎に向かう沿道には50万人を超える群衆が赤い花束を振りながら歓迎した。順安（スナン）空港から宿舎に向かう車のなかで金正日は金大中に次のように言ったという。

「その人たちはみんな自発的に大統領を歓迎するために出てきました」

1948年の建国後初となる韓国大統領の平壌訪問は、6月12日に始まるはずだったが、なぜか1日遅れた。韓国大統領府は「北韓（北朝鮮）の技術的な問題で1日延期することにした」と発表したが、本当は韓国政府が支払うと約束した金の一部が金正日指定の秘密口座に入っていなかったからだった。

2000年の南北首脳会談を裏で支えた国家情報院幹部は「北朝鮮から〝約束のお金を送らなければ首脳会談はない〟との電文がきた」と証言した。金大中退任後にこの疑惑を調べた韓国特別検察の捜査記録によれば、「金大中政権は（財閥の）現代グループを介し、会談に先立ってマカオにある金正日の秘密口座に4回にわけて送金をしたが、4億5千万ドルの一部が記載ミスで期日内に入金されなかった」。

送金が完了したのは訪問予定日の12日だった。

しかし、いざ、金正日にあった韓国の訪問団は金正日の〝率直〟な物言いに驚いた。宿舎に到着後、迎えに来てくれたことに感謝の弁を述べる金大中に金正日は「基本的な礼儀でしょう！　わたしが大した存在でもあるまいし……」。そして翌日の会談に触れ、「幹部たちが（私が明日ここに）来るのを反対すれば、パチンコで赤信号をうち壊してでも来ます」と冗談を言った。後に判明するが、金正日の振る舞いは、もちろん計算されたものだった。

韓国から莫大な現金を受け取り、現代グループに特恵を与えて投資を呼び込みながら裏では核開発に拍車をかけていた事実も後に明らかになった。

帰国後、金大中は金正日のことを「スケールが大きく、率直で、見識のある方だった」と評価。「金正日総書記は核を開発したこともないし、開発能力もない。われわれが北朝鮮に支援したお金が核開発に利用されるという話は根拠がないデマだ。金正日が核を開発したら私が責任をもつ」と発言したとされる。この発言は公式記録には残っていないが、韓国紙、東亜日報や朝鮮日報などで紹介され、広く知られている。

金正恩の「率直で礼儀正しい」ふるまいが父、金正日譲りであれば、南北首脳会談で見せたにこやかな言動は計算されたものだったといえるだろう。文がそれを知りつつ正恩を持ち上げたとすれば、この会談は「世界を欺いた会談」として歴史に残る恐れもある。

板門店宣言は「非核化」を棚上げ

文在寅と金正恩が南北首脳会談で鼻高々に全世界に向けて発表した「板門店宣言」で、最大の焦点の「非核化」に関する言及はわずか3行ほど。付け足しの感じすらした。13項目からなる合意文書の大半は南北の「関係改善」「終戦宣言」「平和構築」に終始した。

２００７年10月の南北首脳会談もそうだった。約4時間におよぶ盧武鉉と金正日の「首脳会談記録」を読めば核問題は置き去りにして経済協力と南北の「共同繁栄」に重点が置かれていたことがわかる。

記録の中にはこんなくだりがあった。

盧武鉉「私は経済関係はとても重要な問題だと考えています。いま、日本が１００億ドルで日朝の過去史を整理するという考えを表明していますが、われわれは来年度の南北協力予算を1兆3千億ウォンと考えています。お金の話をして申し訳ないです」

金正日「構いません」

盧武鉉は鉄道事業をはじめエネルギー、農業、医療、経済開発特区への投資について延々と述べた。

2人が会談を行った当時は北朝鮮の核問題が解決に向かうのか、それとも振り出しに戻ってしまうのかの分岐点だったが、盧武鉉の関心は南北協力事業に集中していた。盧武鉉とは対照的に金正日の関心は「緊張緩和」にあった。金正日はこう話した。

「今日、盧大統領が訪ねてこられ、民族共同繁栄を実現していく契機を世界に見せてくれました。(中略)しかし私は軍事的敵対関係の解消がより重要だと思います」

その日、金正日は朝鮮半島の核問題を協議する6カ国協議の会合を終え、帰国したばかりの同協議の北朝鮮主席代表、金桂寛(キムゲグァン)を会談場の外に待機させていた。

05年9月の6カ国協議の共同声明で北朝鮮は、一切の核兵器と現有する核計画を放棄し、核拡散防止条約(NPT)に復帰、国際原子力機関(IAEA)の査察受け入れを約束した。

しかし、翌年に北朝鮮は弾道ミサイルを発射、第1回の核実験を行った。こうした事態を受け、07年9月末から行われた6カ国協議で北朝鮮は、全ての核計画の完全かつ正確な申告を行うことに合意したのだった。合意には米国による北朝鮮へのテロ支援国家指定解除など、米朝が完全な外交関係を目指すことも盛り込まれた。

しかし、盧武鉉と金正日の前で金桂寛はこんな本音を吐いた。

「（われわれは）核物質がどう兵器化されたかという状況は申告していません。どうしてか？　米国とわれわれは交戦状態にあるからです。敵に武器状況を申告する国がどこにあるでしょうか」。そして申告から濃縮ウランは除外したことについても説明した。

発言の重大性に気づいてなかったのか、盧武鉉はむしろ金桂寛を称賛した。「ご苦労さまでした。賢明でもあり、よくやりました」

金正日は冷静だった。北朝鮮の主張を貫きつつ米国との緊張関係を解消するためには休戦状態になっている朝鮮戦争の「終戦宣言」が必要だと考えたのだろう。

「最近、ブッシュ大統領が終戦宣言の問題に言及したという噂がありますが、それが事実であればとても意味があります」

金正日は自分たちの非核化は棚上げし、「終戦宣言」を優先するつもりだった。終戦となれば韓国に米軍が駐留する理由はなくなる。

07年の南北会談から11年後に発表された18年4月の板門店宣言は、核問題解決の具体的なロードマップにはふれずに「終戦」だけは年内に実現するとの考えを示したのだった。

北を「主敵」と明言できない文在寅

2018年4月の南北首脳会談後、世論調査機関、コリアリサーチセンターが行った電話調査によれば、韓国国民の77・5%が金正恩を「信頼のおける人」と答えた。野党自由韓国党代表の洪準杓(ホンジュンピョ)は、5月2日の地方遊説で「世の中が狂ってしまった。暴悪な独裁者が一度笑っただけで信頼度が77%まであがる。次期大統領は金正恩がなるかもしれない」と世論の急旋回を嘆いた。

「板門店宣言」については「できもしない北の核廃棄を、あたかもすでにできたかのように扇動している」と批判、左派政権下で行われた3度目の首脳会談を「1回だまされたらだました方が悪く、2回だまされたらだまされた方が悪いが、3回だまされたら共犯だ」と非難した。

洪は、文在寅が大統領候補者のころから、文の北朝鮮に対する姿勢を問題にしてきた。17年4月23日、第1回のテレビ討論に対立候補として出た洪は文の北朝鮮観をこう追及した。

「06年10月、一心会スパイ団事件がありました。記憶されていますね」

「一心会」と称する団体が中国で北朝鮮工作員と接触し国家機密を渡したとされるこの事件は多くの逮捕者を出し、首謀者とされたチャン・ミンホは国家保安法違反で懲役7年の判決をうけた。

洪「これらの団体から数十万枚に及ぶ情報が北に渡りました。ところが盧武鉉大統領が捜査をやめさせ、国家情報院長の金昇圭（キムスンギュ）を解雇しました。文候補は当時大統領秘書室長だった。説明してくれますか」

洪によれば、当時国家情報院は「一心会」の他に6つのグループを調査しようとしたが、文と近い左派系の集団、「386運動圏（1960年代生まれで80年代に大学に通った人々）」出身の人が多く関係していた。

険しい表情で洪の話を聞いていた文はきっぱりと「事実ではないし、盧政権は検察の捜査に関与したり統制したりしたことはありません」と答えた。

洪「検察ではなく国情院が捜査し、検察に送致した事件です」

文「偽ニュースです」

洪「いいえ。（当時の）バーシュボウ駐韓米大使の報告書にはっきりと書かれています」

内部告発サイト、ウィキリークスが暴露した米外交公電によると、バーシュボウは、捜査の途中で国情院長が突然辞任した背景を「青瓦台の内部会議で盧大統領が辞任を要求した、と（情報源から）聞いている」と報告していた。

2回目のテレビ討論でも文の「対北観」がやり玉にあげられた。野党「正しい政党」の候補、劉承旼（ユスンミン）から「北韓（北朝鮮）はわれわれの主敵か」と聞かれ、文は最後まで言葉をにごした。

文「あー、そのような規定は大統領がやるべきことではないと思います」

劉「まだ、大統領になってませんから（答えてください）」

文「そのように強要しないでください」

劉「国防白書など公式文書に北韓軍を〝主敵〟と規定しているのに、国軍統帥権者になろうとする者が言えなかったらどうするんですか。言えないんですね」

文のこうした「対北観」の根源に何があるのか、明確に説明できる人は、ほとんどいないのではないか。

「（両親が）北朝鮮出身だから」「南北の対決状態を終わらせたいから」と説明される

場合もある。

「韓国国内での政治闘争に利用するため」と批判する勢力もいる。これまで劣勢にあった左派勢力には保守勢力を倒すための「友軍」が必要だった。それが北朝鮮だったのではないだろうか。

北の体制保証のため米と仲裁

世界のメディアが生中継するなど華々しかった２０１８年4月27日の南北首脳会談と違い、翌5月26日、文在寅政権下での２度目の南北首脳会談はひそやかに行われた。

米大統領、トランプと金正恩による史上初の米朝首脳会談を前に、両国が開催をめぐって神経戦を展開していたころだ。

その２日前の5月24日、北朝鮮外務省は突然、第1外務次官、金桂冠の談話形式を借りて「米国の一方的な核放棄を強要する対話には興味はなく、首脳会談に応じるか否かを再考する」と発表した。これに対し、トランプは「談話文で見せた憤怒と敵対感情を見るに、会談を行うのは適切ではないと感じる」と会談を中止すると発表した。

トランプの「会談中止」発言に慌てた正恩が文に「会いたい」と要請してきたのは5月26日午前3時ごろとされる。

「話が出て12時間後に両首脳の会談は実現した」（韓国大統領府）。会談が行われたのは26日午後3時、南北軍事境界線がある板門店の北側施設「統一閣」だった。政府の動きを逐一チェックする聯合ニュースですら、事実を知ったのは会談終了から2時間も後だった。

「金正恩委員長がCVID（完全かつ検証可能で不可逆的な非核化）を約束したか」との記者の質問に文はこう答えた。

「私が先走りして言及するのは適切ではない。ただ、金委員長は非核化の意思を確実にした。金委員長は『われわれが非核化をすれば米国は体制を保証すると言っているが信頼できるか』と聞いてきた」

北は米国が〝約束〟を守ってくれるか心配している、と説明したのだ。

さらに文は、「私は北朝鮮の体制保証のため、米国との仲裁に立つつもりだ」（5月28日付朝鮮日報）と発言した。

そもそも、今回の米朝首脳会談を仲介したのも文だ。18年3月9日、文政権の特使としてホワイトハウスを訪問した国家安保室長チョン・イヨンは、トランプに「金正恩は非核化の意思があり、追加の核・ミサイル実験をしないと誓約した。また、米韓が通常の軍事訓練を継続することも理解すると言った」と伝え、米朝首脳会談開催という結果を引き出した。

テレビ画面で会見を見たという政治評論家の黄長洙(ファンチャンス)はこんな感想を口にした。

「文大統領の言葉と表情からは金正恩や北韓を心配する心情が感じられた。過去に運動圏(1980年代に民主化デモに参加、その後市民団体で活動している人々を指す言葉)の大学生たちが心に抱いていたような情熱もにじみ出た」

黄が大学に通った80年代の終わりに、北朝鮮で「第13次世界青年学生祝典」が開かれた。

「われわれは、軍事独裁に対抗してデモに明け暮れた。『太陽の光よ、あふれよ、平壌のそらに』で始まる祝典の歌を熱唱した。われわれは韓国政府に対しては憎悪と敵意を剥き出しにしながらも、北朝鮮体制にはあこがれをもっていた。いま、青瓦台はその時代の学生運動家たちに占領されている」

韓国の保守派からはこんな嘆きが聞こえる。

「北朝鮮より韓国のほうが心配だ」

今なお続く文の思想をめぐる論争

2度目の南北首脳会談からちょうど2カ月後の2018年7月26日、ソウル中央地方裁判所では「文在寅は姿を変えた共産主義者だ」とかつて発言した元検事で韓国放送文化振興会理事長、高永宙（コヨンジュ）の公判が結審した。

検察は、高が虚偽の事実を示し、告訴人（文在寅）の名誉を傷つけたとして懲役1年6月を求刑した。

問題の発言があったのは13年1月。保守団体の集まりで高は、「文在寅は姿を変えた共産主義者だ。彼が大統領になれば韓国が赤化（北朝鮮化）されるのは時間の問題だと確信する」と発言した。

論告への反論に立った高は「私が告訴人を共産主義者だと確信するようになったのには相当な理由がある」と主張し、次のように続けた。

「私は、28年間の検事生活の大部分を（国家の安保、北朝鮮関連捜査、事件処理など）公安業務に従事した。（中略）検察は本人だけが告訴人を共産主義者と確信しているから、虚偽事実を適示したと判断したようだが、私の公安捜査の経歴をまるまる無視するもので決して合理的な判断とは言えない。今は報復を恐れ、そのような言葉を口にする人は少ないが、多くの人が私と同じ考えを持っているのではないか」

このように、文在寅の思想傾向をめぐる論争は、いまだに続いているが、文は意に介さない態度を取っている。

18年8月6日、文は大統領府の追加の人事を発表したが、就任当初と同じく、大半が運動圏、市民団体出身者だった。

韓国メディアによれば、青瓦台（大統領府）秘書室長と政策室、安保室の秘書官級以上の参謀64人中、3分の1以上の23人は1997年に最高裁判所から反国家団体に指定された全国大学生代表者協議会（全大協）出身だ。全大協議長出身の大統領秘書室長、任鍾晳が管轄する秘書官級以上31人のうち学生運動出身者は19人と6割にのぼる。

米シンクタンク、戦略国際問題研究所（CSIS）パシフィック・フォーラムのアジア専門家、タラ・オーは米メディアにこう語った。

「青瓦台に布陣する彼らが『主体信念』（金日成主義）から転向したとか公に過去を反省したという話は聞かない。文大統領の対北朝鮮政策は、『主体革命』の実現ではないかという合理的な憂慮がある」

文は2018年9月18日、就任後真っ先に訪ねたいと公言していた平壌に、3度目の南北首脳会談のため赴いた。平壌国際空港に降り立った文は、動員された大勢の市民らが歓声を上げる中、出迎えた金正恩と約4カ月ぶりに抱き合った。

第2章　文政権は北の崩壊を望まない

大統領機に積まれた椿の木

２０１７年７月７、８の両日、ドイツで開かれた20カ国・地域（Ｇ20）首脳会議に向かう韓国の大統領専用機には一本の椿(つばき)の木が積まれていた。

椿の木は、韓国南部慶尚南道統営(トンヨン)市で調達された。「高さは１２０センチ、外来種でないものが欲しい」と大統領府から市役所に電話がかかってきたのは７月３日。「対外秘」にしてほしいという注文も付けられていたという。

「用途を言わず、急いで探してほしいといわれたのでどこで何のために使うのかわからなかった」（統営市公園緑地課長）

八方手を尽くして探した３本のうち１本を文在寅(ムンジェイン)と夫人の金正淑(キムジョンスク)が選んで専用機に積んだ。

７月５日、ドイツの首都ベルリンに着いた金正淑は真っ先にベルリン市内の公園に眠る朝鮮半島出身の音楽家、尹伊桑の墓を訪ね、椿の木を植えた。

記念樹の前には赤色の花崗岩に黄色の字で「大韓民国統営市の椿、2017・7・5大統領文在寅　金正淑」と刻んだ石板がおかれた。

尹は、統営出身の作曲家。1957年にベルリン芸術大学に留学、77年からは同大教授に就任し、「光州よ、永遠に」や日本のサントリーホール落成記念のための委嘱作品「交響曲第4番《暗黒の中で歌う》」などでその名を世界にとどろかせた。

しかし、尹は63年以降、北朝鮮の国家主席、金日成と親交を深め、67年6月には北朝鮮の工作に加担したとしてKCIAに拉致され、ソウルに送還された。拷問を受けた末、死刑を宣告されるが、カラヤンら名だたる音楽家らが請願運動を展開し、69年に特赦をうけてドイツに戻った。以後韓国の地を踏むことなく95年に死去した。

尹伊桑には、「民族に対する愛と和合、和解を追求した世界的な音楽家」（統営国際音楽祭財団）という評価がある半面、「北韓（北朝鮮）の政治路線に同調し、北朝鮮のために活動した」との批判も絶えない。

KCIAの捜査報告書によると、尹は、ドイツ滞在中に17回北朝鮮を往来。金日成の75歳の誕生日には「わが国土、わが民族よ」という歌を献上した。KCIAは「音楽家の顔をした〝北朝鮮文化工作員〟」と結論づけた。

旧東独の北朝鮮大使館の工作員と接触したとして尹以外に194人が逮捕された67年の「東ベルリン事件」。盧武鉉(ノムヒョン)大統領時代の2005年、この事件の再調査が行われた。翌年1月に「事件は朴正熙(パクチョンヒ)政権が政治目的で企てたものでもなかったが、被疑者に強引なスパイ罪の適用があった」と発表された。尹は「スパイではない」とされたが、事件の背景や事実は親北政権下でも一部認定されたのだ。

実際、尹には、同郷の女性一家を北朝鮮へ渡航させる工作に加わった疑いも持たれている。尹は強く否定するが、KCIAの報告書によると、ドイツで経済学博士号を取得した呉吉男(オギルナム)に「尹を含む3人の工作組が接近、『北朝鮮に行けば経済学者としての働き口がある』などと勧誘した」という。

呉は1985年、統営出身の妻、申淑子(シンスクチャ)と娘を連れて北朝鮮に入ったが、約束と違うことに気づき翌年11月、コペンハーゲンで脱出に成功。その後ドイツで尹に家族救出に手を貸してほしいと懇願するが、尹は呉の妻子の肉声テープを聴かせ、北に戻ることを勧めたという。申と娘は国際人権団体アムネスティ・インターナショナルの救出対象となったが、行方は今も不明だ。

そのような尹を金日成は「祖国統一を実現するために活動する愛国志士」（『金日成教示集』）と称賛した。

尹の墓に故郷を象徴する花、椿を植えた文在寅大統領夫人の金正淑はこう言ったという。

「先生は統営近くの海に来たことがあるが、故郷の地を踏むことはなかったという話を聞いてたくさん泣きました。（中略）だから祖国独立と民主化を念願した先生のために椿の木をもってきた」

韓国と同様に分断国家だったドイツ。ベルリンは西側と東側が対峙した街だ。後述するように、そのベルリンで文は北への融和をにじませる「ベルリン構想」を提案した。

ドイツには、韓国が貧しかった1950～60年代、当時の西ドイツに出稼ぎ労働者として渡っていった鉱夫や看護師の墓もあるが、文が彼らについて言及したという話は、残念ながら聞かない。

共産主義事件を弁護した過去

ドイツで開かれたG20首脳会議から韓国に戻った文在寅を〝うれしいニュース〟が待ち受けていた。

その4年ほど前に「文在寅は共産主義者」と発言した元検事で韓国放送文化振興会理事長、高永宙(コヨンジュ)を名誉毀損(きそん)の疑いで捜査すると韓国検察が発表したのだ。

すでに触れたように、高は朴槿恵(パククネ)が勝利を収めた2012年の大統領選直後の13年1月、ある市民団体主催の講演会でこう話した。

「文在寅が大統領になれば韓国が赤化されるのは時間の問題だろうと確信する。これは虚構ではなく実際に起こりうることだ。文在寅は姿を変えた共産主義者だ。(文が落選したのは)わが国にまだ国運が残っていたからだ」

この発言から2年8カ月後の15年9月、文は「名誉毀損」で高を告訴したが大統領に当選するまで検察は何もしなかった。

しかし、告訴の翌月にあった国会の定期国政監査では、文が代表を務めた「新政治民主連合」(現与党「共に民主党」の前身)の所属議員らが、高の発言に集中砲火を浴びせた。

議員「(12年の)大統領選挙で文在寅候補を支持した国民も共産主義者、またはその思想の同調者か」

高「私は公安検察出身です。国民が知らないことを先に知ることも多い。国民の多くは北朝鮮の対韓国戦略がどういうものかを知らないのです」

議員「では、知ったうえで投票した人は共産主義者か」

高「そうですね。知りながら投票したなら共産主義に同調したといえるでしょう」

追及は高氏の過去の発言にも及んだ。

議員「司法府が左傾化したといったが根拠は？」

高「02年に私は司法試験3次試験官を務めたが、受験生に『朝鮮半島における国家の正統性はどこにあるのか』と質問したら、10人中8人が『北韓（北朝鮮）にある』と答えていた」

高はこのとき、あぜんとして正統性の根拠を受験生に聞いた。受験生は「韓国の建国勢力は親日派だったから」と回答したという。これは北朝鮮の主張に同調するものだ。

議員「あなたは『（北朝鮮国家主席の）金日成は1964年、対韓国工作部門の人々に向かって、南朝鮮の聡明（そうめい）な若者はデモに出さず、（司法試験の）勉強をさせ、司法府に浸透させろと指示した』と言っている」

高「それは誰もが知ってる事実でしょう」
議員「では、わが国の司法部に『金日成奨学生』がいるという意味か」
高「そうだ。北韓（北朝鮮）という体制下で金日成の指示が履行されていないはずがない」

因縁というべきか。実は高と文の接点は35年以上前にさかのぼる。81年、釜山（プサン）で社会科学系の書籍の読書会を開いていた学生や教師ら22人が「反国家団体を称賛した」として令状なしで逮捕、拘束される釜林（プリム）事件が起きた。このときの被告を弁護したのが後に大統領になる盧武鉉、捜査を担当したのが釜山地検検事だった高。当時新米弁護士だった文は、その後の再審を担当した。

70年代終わりごろから釜山地域では洋書販売関係者、学生らが集まり、体制批判意識を高揚させるための社会科学書籍を読み、討論する集まりがあった。一部の被告は2014年2月に再審で無罪が確定するが、判決に不満を持つ高は次のように断言する。

「釜林事件は、民主化運動でも何でもない。共産主義事件だ。盧武鉉と文在寅は知っていたはずだ」

釜林事件の取り調べの中で被疑者の一人は高にこう言ったという。

「いつか歴史が変わり、共産主義社会が実現したらわれわれは検事のあなたを審判するだろう」

盧武鉉政権を担ったメンバーの多くは釜林事件の関係者だとも言われる。

年齢偽り？「離散家族」として訪朝

朴槿恵大統領（当時）に対する弾劾決議案が国会を通過した2016年12月。韓国紙、中央日報は有力候補へのインタビューをはじめた。第1弾は文在寅だった。

記者「あなたが大統領に当選したとしよう。そしていま、北韓（北朝鮮）にも行けるし米国にも行けるならどこへ先に行くつもりか？」

文「躊躇（ちゅうちょ）せず言いたい。私は北韓に先に行くつもりだ。ただ、事前にその妥当性について米国、日本、中国に十分説明するつもりだが」

文のこの発言に保守陣営は猛反発した。かつての左派から保守に転じた元京畿道知事の金文洙（キムムンス）は「国家の危機的状況下で親北朝鮮的な発言は自制すべきではないか」と文を批判した。

04年7月11日、現職の大統領府社会文化首席秘書官だった文は2泊3日で北朝鮮を訪れた。公務ではなく「離散家族」の一員として北朝鮮にいる叔母、姜ビョンオクに会うためだった。

朝鮮半島には、1950年に勃発した朝鮮戦争によって南北に引き裂かれ、生死すら分からずにいる離散家族がいる。2005年の調査では全体人口の1・5%、韓国だけで71万人いた。そのなかで親がまだ北朝鮮に残されている人は4万8千人、子息が北にいる人は7千人、夫または妻と離れ離れになっている人も4千人、残りは親戚同士だ。

新婚初夜、夫が戦場に駆り出され、互いの生死も知らずにいる夫婦もいる。

文の両親も1950年12月、朝鮮戦争中に肉親のほとんどを北朝鮮に残したまま咸鏡南道興南（現在の咸興市興南区域）から米軍の武器輸送貨物船に乗って韓国に逃れた離散家族だ。

《避難するとき両親は2~3週間後には戻るつもりで何にも持たずに避難の途についた。父方の祖父は兄弟6人いるが全員北朝鮮にのこった。母方の親族もだ。》（『大韓民国が問い、文在寅が答える』）

それから2年後の53年1月24日、文は避難先の韓国慶尚南道巨済で生まれた。

北朝鮮は韓国の離散家族との再会や手紙のやり取りの要求は聞き入れず、気が向いたときだけ1度に100人を厳選し、これまで20回ほど南の家族に会わせた。離散家族の多くが高齢でどんどん亡くなっていることから南北ともに高齢者を優先することにした。

ところが、2004年、北朝鮮が提示した「生死確認候補者名簿」には55歳（当時）の姜ビョンオクが含まれていた。朝鮮戦争終了後現在まで離散家族再会に選ばれた北朝鮮側の約2千人のうち、60歳未満は2人だけだ。

姜は、韓国にいる姉、姜ハンオク（女、79歳）とおい、文在寅（男、74歳）を捜していた。確認の結果、姜が捜している74歳の文在寅は、盧武鉉政権の現職の社会文化首席秘書官であることがわかった。

しかし文は当時51歳。野党は文が年齢を偽ってでも叔母と会おうとしたのではないかと反発した。

韓国大統領府は「北側の単純ミスだ」「最初は間違っていると思ったが、文首席であることを確認した」と釈明した。

12年の大統領選挙で保守系の野党セヌリ党側は離散家族としての文の訪朝をこう持ち出した。

「文候補（当時）が生まれたという事実すら知らないはずの叔母が、再会を要請したというのをどう考えるべきか」

「北朝鮮が大統領側近の文首席に関する資料を調査し、文首席に接近する方法として離散家族再会を推進したのではないか」

保守側は、文が北朝鮮での3日間、何をしていたかについても釈明を強く求めたが、文は沈黙を守ったままだ。

ベトナム戦争の米国敗北に「喜びの戦慄」

朝鮮戦争は文在寅一家の運命を変えた。文一家が、北朝鮮の興南埠頭（ふとう）から避難の途についたのは1950年12月23日だった。

その年の冬は米軍にも過酷なものとなった。6月の戦争勃発以降、反転攻勢に出た米軍は、敗走を続ける金日成を中朝国境に程近い北朝鮮の臨時首都、江界に追い込んだ。北へ向かって進軍する米軍第1海兵師団はしかし、江界に連なる長津湖（チャンジン）付近で中国人民支援軍（中国軍）7個師団、12万人の兵力に包囲される。

米軍の戦史上最も過酷な戦闘と記録されたこの戦いで、米軍は3600人を超える死傷者を出したが、中国軍の包囲網を辛くも突破して興南にたどり着く。興南は南を目指そうとする避難民でごった返した。「当時、興南一帯では米軍が原子爆弾を投下するというデマが広がった。そこで急いで避難の途についた人たちもいた」（元政府高官）

米軍は貨物船に積んでいた武器をすて、興南埠頭に押し寄せてくる避難民を乗せ、撤収作戦を敢行した。

船の上で文一家はクリスマスを迎えた。米軍はあめを一粒ずつ配るなどして不安と寒さに震える避難民を慰めてくれたという。

文一族は、それまで代々北朝鮮北部の咸鏡南道興南一帯で生活していた。文の父、ヨンヒョン（1920年生）は咸興市の咸興農業高等学校を卒業、興南市庁（現在の咸興市興南区域）で農業係長、課長として働いた。

農業係長時代、ヨンヒョンは共産党加入を強要されたが最後まで拒否したとされる。避難後ヨンヒョンは、巨済島（コジェド）捕虜収容所で労働者として働き、文の母は鶏卵売りの行商をした。文の幼いころの思い出は、ほとんどが「貧しさ」にまつわるものだ。

少年時代の文は内向的だったようだ。「本を読むときが一番幸せだった。私の読書好きはお父さん譲りかもしれない」と文は振り返る。自叙伝で文は父についてこう記す。

「父との思い出は多くない」。口数の少ない父とは会話らしい会話を交わしていなかったという。

「たまに口にする言葉を聞くと父は社会意識が深い方だった。韓日会談（日本と韓国の国交正常化を目指した会談。朝鮮戦争中の51年から始まった）にはなぜ反対しなければならないかを近所の大学生に説明するのを聞いたことがある」

文は「知らない間に父は私の社会意識、批判意識に影響を及ぼした。後になってわかった」と述べる。

大学に入学した文は、当時の多くの韓国の大学生同様、民主化運動に情熱を燃やした。運動の先頭に立っていた文は75年4月に拘束され、執行猶予付きの懲役8カ月の判決を受けた後、8月に軍部隊に強制的に徴兵される。

後に文は、「大学時代、私の批判意識と社会意識に一番大きな影響を及ぼしたのは、そのとき大学生たちがみんなそうだったように（社会評論家の）李泳禧（リヨンヒ）先生だった」と著書で振り返っている。

民主化を熱望する知識人らによる雑誌「創作と批評」に掲載された李のベトナム戦争に関する連載を文は熱心に読んだ。

「先生は、誰もが米国の勝利を信じて疑わない時期に米国の敗北と南ベトナムの崩壊を予告した」
「（先生が書いた論文の）文字の行間から真実の勝利を確認し私は喜びの戦慄を覚えた」（自著『運命』より）
米国の敗北を確認し喜びの戦慄を覚えたというくだりは、大統領選挙で保守系候補からの格好の攻撃材料となった。
２０１７年の大統領選で文氏と争った保守系の候補、洪準杓（ホンジュンピョ）は、「青春時代にそのような書物を読み、感動を覚えたということを問題にするわけではない。大統領になろうとする人間が、いまなお、そのような考えを持っているのが問題だ」と批判した。

われわれは北の崩壊を望まない

人前で〝格好良さ〟を演出することを好む文在寅は２０１７年７月、20カ国・地域（Ｇ20）首脳会議出席のため訪れたドイツの首都ベルリンでも世界を驚かす「イベント」を用意した。
「南北（朝鮮）の平和・協力に寄与した功績」でノーベル平和賞を受賞した元大統領の金大中（キムデジュン）がベルリンで演説を行ったことにならい、文は北朝鮮に対話を呼びかける

「ベルリン構想」を発表した。

ところが、発表2日前の7月4日、北朝鮮は文をあざ笑うかのように大陸間弾道ミサイル（ICBM）の発射実験を行った。

「ベルリン構想」は修正を余儀なくされたが、それでも驚くべき内容が含まれた。

「私は、この場ではっきりと言う」と文は力を込めて言った。

「われわれは北朝鮮の崩壊を望まない。いかなる形の吸収統一も推進せず、人為的な統一も追求しない」

1948年、建国とともに制定された韓国憲法は、その後9回の改正を行っているが、「大韓民国の領土は韓半島およびその付属島嶼（とうしょ）とする」（第3条）となっている。つまり、統一は至上課題のはずだ。

驚くことはまだある。「韓半島で恒久的な平和構造を定着させるため、（朝鮮戦争の）終戦とともに関連国が参加する韓半島平和協定を締結すべきだ」と訴えたのだ。

「平和協定締結」は、北朝鮮と中国の主張を認めるものだ。2016年2月、中国の外相、王毅は「（朝鮮半島の）非核化を実現するのと朝鮮戦争の休戦協定を平和協定に転換するのを並行して推進すべきだ」と言った。

北朝鮮は平和協定を結ぶためには、「外国軍隊（在韓米軍）の撤収、外国との軍事関連条約破棄」など6つの条件をクリアしなければならないと主張しつづけている。

平和協定の落とし穴を知る韓国の歴代政権は慎重な姿勢を貫いた。文はそれを勇ましく「構想」にもりこんだばかりか「合意は政権が代わるたびに揺れても壊れてもならない」と、不可逆性にも言及したのだ。

文政権は米軍の最新鋭迎撃システム「高高度防衛ミサイル（ＴＨＡＡＤ）」をめぐっても迷走した。

朴槿恵前政権がＴＨＡＡＤ配備を決めたのは16年6月。当時の野党第一党「共に民主党」常任顧問だった文は、「配備は得るものより失うものが多い」（16年7月13日）と反対を表明した。10月には「ＴＨＡＡＤ配備を暫定的に中断し、北の核廃棄のための外交努力を再スタートさせるべきだ」と主張した。

しかし、大統領就任後、米国との関係悪化を懸念したのか、文は米公式訪問に先立って高官を派遣し、ＴＨＡＡＤを米韓首脳会談の議題からはずしてほしいと要請した。

ワシントン入りした文は、首脳会談に先立つ6月28日、米議会を訪問した。文を待ち構えていた共和党のライアン下院議長が「ＴＨＡＡＤに明確な立場を表明してほしよい」

「もしかして、韓国新政府が、ＴＨＡＡＤ配備決定を覆す意図で環境影響評価の手順を踏んでいるのではと疑心を抱いているかもしれないが、そのような心配は捨ててもよい」

ところがその１週間後にドイツで行われた中国の国家主席、習近平との首脳会談で文は「ＴＨＡＡＤは国内的に正当性を確保できなかったので環境評価などを行っている」「その間、北の核問題に進展があればＴＨＡＡＤそのものが必要なくなる状況が来るかもしれない」と言った。

韓国未来経営研究所長の黄長洙（ファンチャンス）はこう警告する。

「ＴＨＡＡＤは米韓同盟の行方を占う試金石だ。ＴＨＡＡＤを配備できなければ米軍は撤退するしかない。そうなれば真っ先に外国資本が韓国から逃げるだろう」

７月28日、韓国大統領府は「環境影響評価を実施した後、その結果を踏まえて（配備を）決定する」と発表した。同日深夜、北朝鮮はまたもやＩＣＢＭを発射したのだった。

左派勢力の結集体「民弁」に所属

大統領就任直後、文在寅は長い間、在籍していた進歩系の弁護士団体「民主社会のための弁護士会（民弁）」を脱退した。韓国の法曹関係者は「大統領が特定団体の会員として残るのは互いに負担になるからだろう」と話した。

民弁は「民主化」「人権」を〝盾〟に保守政権と対決してきた。最近では、2016年4月、中国浙江省にあった北朝鮮レストランから集団で韓国に脱北した元女性従業員12人、男性1人の「人権」をめぐり、朴槿恵政権（当時）と対立した。女性らが韓国入りした翌日の4月8日、韓国統一部は緊急記者会見を開き、集団脱北の事実を公表した。

当時野党の「共に民主党」は、6日後に迫っていた「総選挙に利用する目的だ」と反発。「これまで国家情報院（国情院）は北朝鮮にいる家族に配慮して脱北の事実を公開しなかった」と政府を非難した。

その年の1月、北朝鮮が4回目の核実験を実施したため、朴政権は南北の協力事業である開城工業団地の稼働中止を決定していた。そして、それまでの慣例を破って脱北の事実を公表した。韓国統一部は、集団脱北者が出たのは韓国の独自制裁が効いている証しだと説明した。

韓国政府の発表に北朝鮮は「従業員らは韓国が誘引、拉致したものだ。即謝罪し、送還しろ」と猛反発した。

こうした北の主張に「民弁」所属の弁護士や一部の市民団体が同調した。

5月13日、民弁をはじめとする67の社会団体は「集団脱北は政府が企画した疑いがある」として真相究明を求める記者会見を開いた。

さらに民弁は中国在住の大学教授を通じて女性らの家族から委任状を取り寄せ、ソウル中央地裁に「従業員の人身保護救済の審査」を請求する。民弁は、「本当に自由意思による脱北だったのかを確認するため審理を公開し、証人として出廷してもらう。脱北が自由意思でないのなら一日も早く女性らを北朝鮮にいる家族の懐に返すべきだ」と主張した。

対北放送「自由北韓放送」代表で自身も脱北者のキム・ソンミンは、「民弁は偽善者集団」と痛烈に批判した。

「女性らと一緒に韓国に来た（レストランの支配人とされる）男性もおなじ脱北者なのに彼ら（民弁）の関心外にいる。なぜか。北朝鮮が彼のことだけは非難しているからだ」

韓国の有力月刊誌の記者も「脱北者が中国などで拘束され、北朝鮮に強制送還されることについては一言も言わなかった民弁が脱北者の権利を守ると称して人身保護を主張し、北の家族に返すべきだと主張するのは納得がいかない」と批判した。

ソウル中央地裁は、11月、「従業員らは既に保護施設から社会に出ている状態なので救済の必要はない」と民弁側の請求を棄却した。

ソウル五輪を控えた1988年5月28日に結成された民弁はもっぱら「時局事件」（公安事件）を弁護してきた。特に北朝鮮工作員がらみの弁護活動は民弁が引き受けてきた。

2003年11月、民弁統一委員長を歴任した弁護士の一人はテレビに出演して、「1987年の大韓航空機爆破事件の犯人、金賢姫（キムヒョンヒ）は完全にでっちあげだ。北の工作員ではないとわれわれ（民弁）は断定する」と主張した。

しかし、この主張は翌年の盧武鉉政権下の再調査で「根拠なし」とされた。

民弁は、極左政党「統合進歩党」をめぐり憲法裁判所が2014年に強制解散の決定を下したことを「司法殺人」と非難した。北に追従し内乱を画策したとして元同党所属の国会議員、李石基（イソクキ）が拘束されたことを民弁は「公安弾圧」と主張。文も「民主主義に傷がついた」と発言した。

民弁は、盧武鉉、文在寅という2人の大統領を輩出したが、「共に民主党」系列の政治家の多くが民弁出身者だ。ソウル市長の朴元淳（パクウォンスン）、城南（ソンナム）市長の李在明（イジェミョン）の他、国会議員にも多くいる。韓国政治を40年近く取材してきたベテラン記者は「民弁は左派運動勢力の結集体」だと断言している。

弁護士時代に盧武鉉と意気投合

文在寅を政治の世界へと導いたのは弁護士出身の元大統領、盧武鉉だ。2人の出会いは1982年にさかのぼる。

文が司法試験に合格し、司法修習を終えたのはその年の8月、判事を志望したがかなわなかった。

司法試験合格者が少なかった当時では志望者全員が判事、または検事に任用されたが、文は学生運動の前歴が問題になった。

文は自叙伝『運命』でこう振り返る。「判事任用の面接はみな1、2分で終わったが、私は30分かかった。質問は『なぜデモをしたのか。それはいつのことか』だけだった」

文は、仕方なく弁護士開業を決心する。「母の面倒も見られるから釜山に戻ることにした」(『運命』)

そこで出会ったのが盧だ。2人はすぐに意気投合、「弁護士盧武鉉・文在寅合同法律事務所」をオープンした。

そのころ盧は、2件の時局事件(公安事件)を抱えていた。釜林事件と釜山米国文化院放火事件だった。

米文化院放火事件では図書館で勉強中の大学生1人が死亡、3人が重軽傷を負った。首謀者は学生の文富軾(ムンブシク)らだったが、盧はそのうちの2被告の弁護を引き受ける。後に韓国反米運動の嚆矢(こうし)とされる事件だ。

文は当時をこう振り返る。「釜林事件と米文化院放火事件関連者らが出獄しさまざまな団体に根をおろして活動を始めた。そこで基盤がひろがり、活動も生気を取り戻した」

2つの事件を弁護したあと、合同事務所には学生運動事件や労働事件の弁護依頼が釜山以外の地域からも寄せられるようになった。

85年、釜山では、在野勢力を総網羅する「釜山民主市民協議会(釜民協)」が結成され、盧と文は発起人として名を連ねる。88年に「民主社会のための弁護士会(民弁)」が結成されると、2人は釜山地域の民弁の中心的な役割を担う。文は「人権弁護士」との異名をとることになった。

しかし、2017年の大統領選挙では文の「人権感覚」が反対陣営からの攻撃材料となった。

盧政権で外交通商相（外相）を務めた宋旻淳が出版した回顧録『氷河は動く』に、07年、日米が主導した国連の「対北人権非難決議案」に韓国が賛成でなく棄権に転じたのは、大統領秘書室長だった文が最終的に決めたものだとの記述があったからだ。

同年11月15日に開かれた「安保政策調整会議」で宋は「この（対北）決議案はわが政府の要求を反映して大きく緩和された内容だ。われわれも北韓の人権状態を重視するという立場を見せるべきだ」と主張した。

しかし他のメンバーは「決議案は内政干渉になり得るし、南北関係発展に支障を来すだろうから」と、棄権すべきだと主張した。

その後も政府内で議論は続くが、最終的には秘書室長の文が「とりあえず、南北経路（チャンネル）を使って確認してみよ」と結論づけた。

北朝鮮からは「北南関係発展に危険な事態を招来するだろうから表決では責任ある立場をとることを望む」という半分脅しめいた返答があった。

この問題に保守系陣営は一斉に「文在寅は北朝鮮に伺いを立てて国の政策を決めるのか」と非難の声をあげた。

文は「記憶が定かではない」と逃げ続けたが、投票間近の4月、一転して「宋が嘘をついている」と反論。宋は、文が真実を隠そうとしているとし、当時の国家情報院長がまとめたというメモ（証拠資料）を公開した。

「本当はこんなことまでするつもりではなかった。しかし、これだけ確実な証拠があるのに、歴史に目をつぶっているわけにはいかなかった」（4月21日付中央日報）

宋がメモを公開した日、文は「（暴露は）選挙を左右しようとする卑劣な、新北風工作だ。決して座視しない」と発言、24日に宋を検察に告訴した。

要職の半数に親北「運動圏」出身者

文在寅の対話の呼びかけを黙殺し続けた北朝鮮が国連人口基金（UNFPA）を通して、人口調査の費用600万ドルの支援を韓国政府に要請してきたのは7月15日だった。国際社会の警告を無視して4日に大陸間弾道ミサイル（ICBM）火星（ファソン）14を発射した北朝鮮に制裁強化の声が高まっている最中だった。

しかし文政権は「国際社会の対北制裁の枠組みを壊さない範囲で」と前向きに検討

する姿勢をみせる。要請から2週間もたたない28日深夜に北朝鮮は、またもやICBMを発射したが、文政権はスタンスを変えなかった。

8月1日付の東亜日報は韓国統一部当局者の話として「(600万ドルの)支援を保留するとの一部報道があったが事実ではない。(前向きに)検討中だ」との方針を伝えた。

文政権が「戦略的な政策判断」と主張するこれらの姿勢に保守派は冷ややかな視線を向ける。文政権のブレーンの多くが親北運動の経歴を持っているからだ。

1980年代に学生運動の先頭に立っていた、いわゆる「586世代(60年代生まれで50代、80年代に大学に通った世代)」。学生団体のリーダー出身が多い。大統領就任後1カ月間に文が任命した大統領府・内閣・政府機関の67の要職のうち、約半分を占める32人が政治運動や学生運動に関係した大学生を指す「運動圏」出身者という(「月刊朝鮮」の分析による)。

その代表格が大統領秘書室長に抜擢(ばってき)された任鍾晳(イムジョンソク)だ。大学時代に全国大学生代表者協議会(全大協、後の韓国大学総学生会連合=韓総連)議長を務めた任は学生デモを主導し、北朝鮮の「主体思想(チュチェ)」に傾倒、親北活動を行ったとして国家保安法違反で逮捕され、懲役5年の実刑判決を受けた。

任は、89年に平壌で開かれた世界青年学生祝典（平壌祝典）に韓国外国語大の女子大生、林琇卿（イムスギョン）を送り込んだ中心人物として知られる。

88年のソウル五輪に対抗して金正日（キムジョンイル）が企画した平壌祝典は、「金日成体制の優越性」を世界中に宣伝するのが目的だったため、韓国政府は「国家保安法」を盾に大学生の参加を阻止しようとした。

北朝鮮は韓国政府の反対を顧みず「勇敢にも」平壌を訪れた林を「統一の花」と持ち上げ歓迎した。金日成が満面に笑みを浮かべ林を抱く写真は世界に配信された。「南朝鮮の大学生が北朝鮮と首領様に憧憬（しょうけい）の念を抱いている」かのようなイメージづくりに躍起になっていた北朝鮮に全大協は同調したのだ。

この事件で任は指名手配されるが、仲間に匿（かくま）われて逃亡を続け、10カ月後に逮捕された。服役後の2000年に「新千年民主党」（「共に民主党」の前身）に入党し同年の総選挙で当選。04年に再選されたが、08年の総選挙で落選した。

任の1年先輩にあたり、文の演説担当の秘書官に抜擢されたシン・ドンホは大学時代に運動圏で「文化統一イルクン（働き手）」といわれ、文化を韓国社会変革の道具とする全大協の中心メンバーだった。

大統領夫人の秘書役に任命されたユン・ソンファは、民主化運動青年連合（民青連）の組織部長を歴任。8・15南北青年学生会談実現闘争を主導したとして逮捕され、5カ月間服役した女性運動家だ。

運動圏で固められた顔ぶれに筆者と親しい現職国会議員の一人はこう言った。「そこまで露骨に（人事を）やるとは思わなかった。彼らの登用に拒否反応を示す人は多いというのに」

正恩の「映像使用料」徴収を代行

北朝鮮のプロパガンダに同調する活動をしたとして国家保安法違反で服役した経歴を持つ任鍾皙は文在寅政権の大統領秘書室長就任にあたり、「南北経済文化協力財団（以下、財団）」の理事長を辞めた。

財団がどのような活動をする組織であるかについて、任の学生時代からの仲間で現在、大統領の演説担当の秘書官を務めるシン・ドンホが米メディアの取材に次のように述べている。

「財団の役割は北韓（北朝鮮）の著作権事務局の業務を代行することだ」（2006

年７月）

北朝鮮が著作権保護に関するベルヌ条約に署名し、「著作権事務局」を開設したのは03年。任が中心となって韓国統一部に財団設立を申請したのは盧武鉉政権下の04年1月。許可が下りたのは9月だ。

しかし、財団設立前から任は北朝鮮との経済交流（実際は支援活動）に熱心だった。02年8月、任は国会議員（当時）の身分で北朝鮮民族和合協会・金日成社会主義青年同盟あてに南北経済文化交流を提案した。

04年4月、訪中から北朝鮮への帰国の途についていた金正日の専用列車を狙ったとされる龍川（ヨンチョン）爆破事件が起きた。直後に任は15万ドル相当の医薬品および救護品を送り、05年から07年にかけては金日成大図書館の電算システムを構築する23億ウォンの事業を主導した。

ソウルで出版社を経営しているユ・ジンソブは、「23億ウォンのなかには9億ウォンの税金、南北協力基金が含まれている」と憤る。

財団の具体的な活動に話を戻す。財団はまず北側に「韓国で著作権料を徴収してあげよう」と提案した。

当初は真意をいぶかった北側だったが、05年12月、北朝鮮著作物の使用権に関する包括的な権限を財団に付与した。

財団は、北の小説や映画作品の著作権使用権を取得し、販売する業務を始めたが、後に北のテレビ局が制作したニュース映像やその他の映像が韓国メディアで使われた際の使用料を徴収することが主要業務となっていった。

韓国統一部の集計によると、財団が過去13年間に韓国のテレビ局や出版社から徴収した使用料は187万ドルに上るという。

最近、財団から支払いを催促する電話を受けたという「国防テレビ局」幹部は中央日報の取材に次のように怒りをぶちまけた。

「彼らは、私たちの番組に使われた朝鮮労働党委員長、金正恩（キムジョンウン）の映像とミサイル発射場面などについて『お金を払わないと使用してはならない』と言った。韓国軍の将兵たちに確固たる北朝鮮観を持ってもらうことに焦点をあてた放送だ。核ミサイル挑発と韓国を非難する映像にお金を払う、しかもそれを北朝鮮に払うとはいかがなものかと思った」

韓国のテレビ制作会社の証言では、最近になって財団からの集金の督促が一層強くなったという。

中国在住の貿易関係者はこう語る。「北では韓国の著作物を見ただけでも政治犯収容所に連れていかれる。しかし、権力者たちは韓国の映像を好きなだけ盗用して見ている。北朝鮮では、韓国を誹謗(ひぼう)中傷する目的で韓国発の映像を使うことがあるが、北がそれらに著作権料を払ったという話は聞いたことがない」

元脱北者で現在は東亜日報記者として北朝鮮の状況を報じ続けているジュ・ソンハは「私は北で『任鍾晳は素晴らしい青年だ』と耳にたこができるほど聞いた。彼らは北朝鮮当局のために働いているが、私は北朝鮮住民のために働く」。

「光州事件」を描いた映画に感涙

韓国人のドラマ好きはテレビ番組の編成をみればわかる。地上波各局のゴールデンタイムにドラマは欠かせない。映画に至ってはさらに熱い。封切りされて2週間もたないうちに1千万人の観客（韓国の人口は約5千万人）を動員する映画も続出する。

北朝鮮が米領グアムに向けてミサイルを発射すると威嚇、米国が報復も辞さないと応酬するなど、一触即発の緊張が続いていた2017年8月13日、文在寅の姿はソウル市内の映画館にあった。

2週間足らずで900万の観客を動員したという映画「タクシー運転手　約束は海

を越えて」を見るためだ。

映画は1980年5月18日、韓国南部の都市光州（クァンジュ）で軍が市民のデモ隊を武力で鎮圧した「光州事件」を題材にしている。

事件を取材するためソウルから光州に単独で潜入しようとするドイツ人記者ピーターがタクシー運転手の協力を得て光州にたどり着き、酸鼻を極めた現場を歩く。映画では、事件当時、光州に外国人記者はピーターしかおらず、軍人らが取材を厳しく取り締まったかのように描写されたが、現場にいたAP通信、米紙ニューヨーク・タイムズの記者らの証言によれば事実ではない。

感動のあまり映画を見ながら泣いたという文は、こう感想をもらした。「光州の民主化運動は常に光州のなかに閉じ込められていると感じてきたが、（この映画で）当時の真実が国民のなかに広がるという予感がする」

発言には伏線があった。政権の座についた文が、一番熱心に取り組んでいるのが過去の清算、再調査だ。文政権は「歴史バロセウギ（正しく立て直す）」を至上の課題とする。

文の当選が確実視された2017年4月、陣営は「過去史清算のための7大課題」を発表した。その1番目が「真実和解のための過去史整理委員会（過去史委員会）」

の復活だ。

盧武鉉政権時代の05年12月に発足した「過去史委」は、10年6月までに1万件あまりの過去のできごとを再調査した。

しかし、過去史委員会は発足当初から保守系の政治家や言論人、メディアから批判を受けた。朝鮮日報は07年3月、「一言でいうならコメディーだ。趣味で過去史をもう一度ひっくり返すつもりなら税金をつかわず、募金でやるべきだ」と社説で主張した。

文政権の過去史委員会の調査対象には、当然ながら光州事件が含まれる。

文は大統領就任直後、光州を訪れ、「いまだに光州（事件）を歪曲（わいきょく）しおとしめようとする意図がある。新政府は真相究明に努力を傾けるつもりだ。だれが市民に発砲命令を下したのか、真実を糾明し必ず責任を問う」と演説した。

ただ、光州事件は、既に歴代政権が5回にわたり調査を行っている。

「『タクシー運転手』は光州事件を蒸し返そうとする左派・進歩系の情緒を代弁するものだ」と話すのは「月刊朝鮮」元編集長で保守系の論客、趙甲済（チョカプチェ）だ。

光州事件当時、軍の実権を握っていた全斗煥（チョンドゥファン）は映画の封切り後、「映画はでっちあげだ。法的措置を検討する」と声明を発表した。全は回顧録で「事件は北朝鮮軍が介入した反乱、暴動だ」と記し、「5・18記念財団」などから訴えられた。光州地裁は回顧録を販売・配布禁止処分とした。

韓国政治を半世紀近くウォッチしてきた韓国人評論家は、「韓国では、一般大衆を扇動する映画の力は絶大だ。虚構のストーリーに涙を流し、感動し、洗脳され、行動する。それに政治家が便乗し、利用する」。

就任100日の会見で文は植民地時代の「徴用工」について「個人の請求権は残っている」と明言した。韓国では徴用工を題材にした映画「軍艦島」がこれまた大ヒットした。

半島情勢がかつてなく緊迫するなか、過去にこだわる文に対し、趙はこう警告する。「過去に執着すると未来を失う」

第3章　左派との内戦に敗れた朴槿恵

南北の代理戦争だった朴槿恵弾劾

2017年3月1日のソウル。日本からの独立運動を記念する式典が行われたこの日、韓国警察当局は202中隊、1万6千人の警察官を投入して朴槿恵(パククネ)大統領弾劾の無効を叫ぶデモ隊と、朴の即時退陣を求めるデモ隊の衝突を遮断するため、両陣営の真ん中に壁を作っていた。

くしくも「壁」の北側はロウソクを手にもつ親北朝鮮団体や政党などの左派勢力。南側は韓国の国旗を手にもつ親米・反北朝鮮勢力だった。

南北朝鮮の代理戦争の様相を呈す一触即発のこの日のデモは、局所的な衝突で済んだが、前大韓弁護士協会長、金平祐(キムピョンウ)は当時、「弾劾の結果によっては内乱に発展するかもしれない」と話した。

「この事態は『民心』をかざした腐敗した国会議員と権力の向背に敏感な検察、無責任なメディアの野合によるクーデターだ」

こう話したのは40年間、韓国政治を取材してきた有力紙のベテラン記者だ。

そもそも朴氏が弾劾されたのは本当に無能だったからでも、崔順実（チェスンシル）という友人の女性に完全に操られていたからでもないという。

父、朴正熙（パクチョンヒ）の保守本流の流れをくんで誕生した朴槿恵政権とその反対勢力との対決は当初から予想されたものであった。

朴槿恵政権は、発足してまもない13年、「進歩左派」勢力の大統合を標榜（ひょうぼう）して11年に結党し、国会に6人の比例代表を送り込んだ「統合進歩党」の解散に動いた。

同年8月、国家情報院（旧ＫＣＩＡ）は同党国会議員、李石基（イソクキ）の事務所を家宅捜索、9月には「内乱陰謀」を画策したとして「逮捕同意要求書」を国会に送致した。国会の同意を得て国情院が勾引状を執行したのは同じ9月だ。

それは、80万人の会員を有する左派系の「全国民主労働組合総同盟（民労総）」と、運動圏（１９８０年代に民主化闘争を経験した人々）を敵にまわすことを意味した。

朴氏はまた、政権に批判的な全国教職員労働組合（全教組）を非合法団体に指定した。

親北・反米性向の強い全教組は、「小・中・高生を左偏向へと引導する」と批判されてきたが、歴代政権は激烈な反対にあうことを恐れ、手をつけられずにいた。そこに朴氏はメスをいれたのだ。

北朝鮮の4回目の核実験などを受けて決定した開城工業団地の閉鎖、米軍の最新鋭迎撃システム高高度防衛ミサイル（THAAD）導入の決定、慰安婦問題をめぐる日韓合意も左派の猛烈な批判を招いた。

そのような朴政権に対し野党は、朴氏が当選した大統領選への「国情院介入疑惑」など4回にわたり朴政権に攻撃を仕掛けた。

しかし、強固な支持基盤をもち、40％台の支持率を維持する大統領を政権の座から引きずりおろすことはできなかった。

97年に韓国へ亡命した朝鮮労働党の黄長燁（ファンジャンヨプ）元書記（故人）は、かつて「韓国には5万人の北朝鮮工作員が潜伏、暗躍している」と明かした。市民運動家らを装う彼らは各種市民団体をのっとり、善良な市民を巻き込み、団体を操縦してことあるたびに政権に揺さぶりをかける。

それを側面で支援するのが、かつて学費などで北朝鮮系の団体から支援を受け、「恩義」をきせられた、一部の知識人、文化人、法曹関係者らだ。

そんな野党が手をこまねいている矢先に浮上したのが「崔順実ゲート」だった。虎視眈々と朴政権の失敗をうかがっていた野党にとっては政権奪取の最後のチャンスだったのである。

不条理がまかり通る国

「クズ言論」「政治検察」「腐敗国会」――。怒号に近いかけ声がソウル市中心部に響き渡った。

２０１７年3月1日に開かれた全国規模の大抗議集会の主催者は、「（朴槿恵）大統領の弾劾棄却のための国民総決起運動本部」（略称、弾棄国）。主催者側は、史上最多の５００万人が参加したとしているが、実際は数十万人との情報もあった。

「弾棄国」の矛先は「特別検察（特検）」にも向けられた。特検の最終捜査結果発表があった後の3月7日、記者会見を開いた朴氏の弁護側は特検を「ナチス」にたとえ、「90日間、韓国を恐怖に陥れた」と非難した。

16年12月21日の捜査開始以来、2月28日まで特検は、崔順実被告の娘、チョン・ユラ容疑者に大学入試で不当な合格点をつけた教授を緊急逮捕するなど、13人を拘束、30人を起訴（在宅起訴含む）した。特検は、崔被告と大統領を「経済共同体」とみなし、収賄罪、職権乱用罪などに問うとした。

たしかに韓国という国の「文化」では大統領と家族は一心同体。「経済共同体」だ。大統領の家族は大統領の分身とされるため、普通の民間人であるはずの大統領の家族や親族にも巨額の賄賂が贈られる。

金泳三（キムヨンサム）、金大中（キムデジュン）、盧武鉉（ノムヒョン）、李明博（イミョンバク）の各元大統領の息子や兄も収賄罪で有罪判決を受けたが、「経済共同体」だからといって大統領が裁かれることはなかった。

ところが、生活基盤を異にする他人を「経済共同体」とみなし「経済共同体」論理を適用して大統領を訴追するのは初めてのことだ。過去の法解釈などからすれば無理があるようにも映る。

朴氏の弁護側は、崔被告と「経済共同体」になるほどの必要性が朴氏にあっただろうかと反論。弁護側は、国政介入事件は崔被告の元側近で、情報を最初にメディアなどに流したコ・ヨンテ氏らが描いた「事件」だと主張する。

韓国ＭＢＣテレビが17年2月、独自に入手して報じたコ氏らの電話録音ファイルには、コ氏らが、崔被告を利用して文化体育省から36億ウォンをだましとろうと謀議する場面や公益財団のＫスポーツ財団などをのっとろうとした会話内容が含まれていた。

弁護側の主張はこうだ。崔被告と「男女関係」にあったコ氏が、崔被告の朴氏への影響力を利用しようと画策したものの、崔被告には朴氏を動かすほどの力はなかった。目的を達成できなかったコ氏らは、2年間にわたって崔被告と朴氏との「親密な関係」をうかがわせる材料を集め、誇張してメディアなどに流した。

中央日報は「コ・ヨンテ氏は善意の告発者か計画的な暴露者か」と題した記事で、「コ氏は個人の利益を狙った計画的な暴露者ではないかとの主張が広がっている」と記述した。

電話録音ファイルは2300本にものぼるが、検察は崔被告と朴氏の親密さをうかがわせる録音記録27件のみを証拠として採用した。

検察によって現在まで明らかにされた「事実関係」を検討した韓国のベテラン憲法学者らは、法的には弾劾は「却下が妥当」という。特検の捜査報告書には罪状を認定する物的証拠がほとんどない、との指摘もある。

社会正義の砦（とりで）であるはずの韓国の検察、メディア、国会はなぜ、厳密な調査や捜査、法解釈を経ずに〝暴走〟するのか。韓国政治の病は、5年単任制の韓国大統領にあるのかもしれない。任期半分を越えれば大統領は求心力を失う。3年をすぎれば、検察もメディアも次期政権の向背に敏感になる。「民心」に揺れ動く韓国にどこまで冷静な判断ができるかは分からない。

弾劾の材料にされた「晴れの日」の演説

２０１４年3月28日。この日は韓国大統領（当時）、朴槿恵の人生でもっとも輝かしい一日となった。国賓としてドイツを訪問した朴は、「エルベ川の真珠」と呼ばれる旧東独の古都、ドレスデンで「韓半島（朝鮮半島）統一のための構想」と称する「ドレスデン宣言」を発表したのだ。

ドレスデン工科大学で行われた演説で朴は、「ドレスデンはドイツの分断克服と統合の象徴。ドイツ民族はここドレスデンを、自由な空気が満ち、豊かさあふれる希望の都市に作りあげました」と切り出した。

同大から名誉博士号を授与され、黒いガウンに身を包んだ朴は「ドイツは統一という大きな夢をかなえ、さらにはヨーロッパの未来すら変えた」とたたえた後、３項目からなる対北朝鮮基本政策を打ち出した。

それは（1）南北分断により苦痛を強いられる離散家族再会の定例化（2）農業支援など民生インフラ構築への協力（3）南北統合のための交流拡大――だった。ただし、「北韓（北朝鮮）が核を捨てる決断をすれば」という前提つきだった。

宣言に北朝鮮は激しく反発した。「海外に出かけ、ふしだらな女のように化粧までして女気をふりまいた」と攻撃。朴が追求する統一は「わが制度を壊す体制統一だ」（14年4月1日付労働新聞）と非難した。

演説の達人として知られる米前大統領のオバマが、文章の格調の高さを絶賛したという「ドレスデン宣言」は、後に朴の対北基本政策として定着するが、この演説文が、朴弾劾の引き金をひく材料に使われるとは当時誰が予想し得ただろうか。

ドレスデン宣言から2年7カ月後の16年10月24日、韓国の左派系有線テレビJTBCは、ドレスデン宣言文を含め朴の演説文の多くは、「秘線実勢（影の権力者）」で長年の友人の崔順実（職権乱用罪などで後に起訴）が直したものと〝暴露〟した。

JTBCの看板番組「ニュースルーム」が、「朴氏が崔順実という民間人に操られていた状況を示す決定的な証拠を入手した」と報じたのだ。崔順実とは、亡き母の代わりにファーストレディーとなった当時の朴氏が精神的に「頼りにした」と噂されてきた謎の宗教家、崔太敏（チェテミン）氏（故人）の娘だ。

報道は、「崔はおおよそ44にのぼる演説文を大統領が公表する前に受け取っていた」とし、キャスターはこう続けた。

「いわゆるドレスデン宣言。朴槿恵政権の国政哲学がもっともよく反映されたと評価される文章ですよね。この演説文は、本当は極度の保秘を要する資料だったのです。

なのに、この宣言文も、やはり崔氏が1日前に事前に閲覧したことが確認されたわけです」

JTBCは、崔が常に持ち歩き、朴の演説文を直したとするタブレット端末が「偶然崔のオフィスから見つかった」と説明。手直しの赤字が入ったドレスデン宣言文の画面を視聴者にみせ、「崔氏のタブレット端末は大統領府の各種書類でいっぱいでした。ファイルは200にも上ります」とも解説した。

この日のニュースルームは有線テレビのニュース番組視聴率としては異例の高さである8%を記録した。

JTBCのスクープに刺激された韓国メディアは、一斉に朴槿恵への攻撃を開始した。「朴は一般人女性（崔順実）に魂を売った。しかも怪しげな宗教家の娘だ」「われわれは、実は、崔順実という女に支配されていたのではないか」

事態の深刻さに気づいた朴は翌25日、「対国民談話」を発表、「大統領選挙中（崔順実は）私の選挙運動が国民にどのように伝わるのかについて、個人的な意見や感想を伝達してくれる役割をしたり、政権発足当初、秘書らがそろう前に助言を求めたりしたことはあるが、（大統領府の）補佐体制が完備されてからは辞めた」と釈明した。

しかし、談話は報道内容を認めたものと解釈された。

これがメディアに火をつけ、国民の憤怒を呼び起こした。疑惑をすっぱ抜いたＪＴＢＣの社長であり、キャスターを務める孫石熙（ソンソクキ）氏は瞬く間に英雄となり、それに鼓舞されたメディアが朴氏批判報道を量産。長年の朴氏支持者ですら批判を口にするようになった。

ところが、孫氏のスクープは、１カ月もたたないうちに〝操作報道〟ではないかとの疑惑が持ち上がる。

「でっちあげ」だった特大スクープ

朴槿恵弾劾の引き金をひくスクープを放ったＪＴＢＣは当初、国政介入の証拠が入ったタブレットＰＣを崔被告の事務所で「見つけ」「盗まれる恐れがあるから持ち出した」としたが、その後説明が二転三転した。ＰＣは、崔被告の事務所ではなく、ドイツにある崔被告の自宅のゴミ捨て場で拾ったと訂正したが、結局「誰が、いつ、どこで」との具体的な説明はなされていない。

孫氏はＰＣからは国政介入を裏付ける書類200件が見つかったと説明したが、検察がＰＣの中から見つけた「介入」の疑いのある書類は3件、しかも法的には「秘密」に分類されるものではなかったという。

崔被告は、法廷でPCは自分のものではなく、中身も「汚染」された可能性があるとして鑑定を要求したが、検察は事件の証拠目録からPCを除外した。

メディアを監視する市民団体は、崔被告のタブレットPCはそもそも存在せず、JTBCが不当な方法で得たデータを別のPCに流しこみ、「視聴者をだました」と主張。孫氏は「謀害証拠偽造罪」で検察に告発された。孫氏は、問題の報道を総括する番組で「もしかしてそもそもタブレットPC（報道）は必要なかったかもしれない」と述べた。朴氏が崔被告に操られた証拠はその後山ほど出たからという意味だった。

スクープからほぼ1年が経過した2017年9月、検察は問題のタブレット端末の通信履歴や保存データなどを調べた報告書を裁判所に提出。そこには「端末には意味のある内容は何もない」から鑑定の必要はないとの意見書がつけられていた。

「朴槿恵大統領公正裁判のための法律支援団」（有志の弁護士を中心に発足）が、報告書を分析して発表したのは9月17日だ。

支援団によれば、検察は、端末を入手した翌日の16年10月25日にすでに報告書を作成していたという。事実なら1年ものあいだ隠し通したことになる。

報告書から分かった事実は驚愕すべきものだった。端末は13年1月から16年10月までネット回線につながれた痕跡はなく、別人名義のものだった。

中に入っていた1800枚以上の写真、その他ファイルに国政介入をうかがわせるものは皆無だったとされている。

しかし、なぜか「ドレスデン宣言文」だけは、端末に入っていた。

「JTBCが端末を拾った」（JTBCの説明）後、検察に証拠として提出するまでの間に流し込んだ可能性が濃厚という。

しかも端末には、文書を修正する際に使うソフトも入っていなかった。

逆にJTBCが端末を手に入れた後は40回ほどネットに接続されていたことが判明、さらには検察も手を加えた痕跡があるという。

崔被告は朴氏の演説に度々手を入れたとされたが、1998年から朴氏と行動をともにする大統領府前付属秘書官のチョン・ホソン被告は、弾劾を審理する憲法裁判所でこう反論した。「大統領は、2004年から政党の党首だった。数え切れないほど演説をこなしてきたが、一番受けがよく面白いのはその場で頼まれて行う演説だ」

朴氏支持派は「大統領の身の処し方に問題があったとしても弾劾されるほどのもの

ではない」と主張する。

韓国国会はメディア報道にあおられた感のある「民心」をくみ、朴槿恵大統領弾劾訴追案を可決した。しかし、証拠資料21件のうち、16件がメディアの報道という事実には驚く。

支援団は、「国政介入報道は事前に徹底的に操作され、弾劾に使用された妖物(ようぶつ)だった」「国政監査と特別検察の任命を強力に要求する」との声明を発表したが、左派系の文在寅(ムンジェイン)政権下でその要求が聞き入れられる見込みはほぼない。

有力日刊紙で論説を書いてきたベテラン記者が言う。

「独裁政権下でもわれわれは真実を書こうとした。ところが、いまでは『民心』が怖くて自由に書けない」

韓国では、慰安婦問題で日本に同調したり、歴史問題で日本を擁護したりする主張は「民心」が許さない。このたぐいの問題で自由な発言をしたら袋だたきにあい、人生を台無しにされる恐れさえある。

韓国では政治を動かすのも民心、報道関係者や文化人を動かすのも民心だが、その民心を動かすのもまた報道なのだ。

憲法裁判所で弾劾の是非が審議されていた最中に朴はメディアのインタビューにこ

う話した。

「この騒ぎは誰かが私をはめようとして企画した気がする」

しかし弾劾必至の空気のなかで彼女の言葉はむなしく響くだけだった。

朴槿恵の弱点を正確に射ぬいた報道

朴槿恵が逮捕、拘束されたのは韓国の左派系有線テレビＪＴＢＣの報道から約５カ月後の２０１７年3月31日だった。

ソウル拘置所で朴に与えられたのは、トイレと洗面台などをいれてわずか12・１平方メートルの独房だった。

「房に入るまえに前大統領はすすり泣きをし、しばらく入ろうとしなかった」（韓国日報）

65歳になる彼女がこのような屈辱を味わうのは生まれて初めてだった。元大統領、朴正熙（パクチョンヒ）の娘として「お姫様」のように扱われ、韓国憲政史上初の女性大統領として権力の座にいた彼女が、強盗や殺人犯らが収容される拘置所に入れられたのだから動揺するのも無理はない。

朴にかけられた容疑は職権乱用、秘密漏洩（ろうえい）、収賄など10を超えたが、世間の関心は、朴がなぜ崔順実一家と縁をきらずに関係を保ち続けたのかに集中した。韓国メディアの嵐のような報道は、瞬く間に朴を「崔に魂まで奪われた人物」に仕立て上げた。「朴は『永世教』というカルト宗教にはまり、(崔順実の父で宗教家の)崔太敏の信徒だとの疑惑がある」「青瓦台(大統領府)でグッパン(シャーマニズムの儀式)までやっていたとの疑惑もある」(JTBCなどの報道)

朴は再び対国民談話を発表。「青瓦台でシャーマニズムの儀式を行ったという報道は事実無根」と釈明したが、興奮した韓国国民には「弁明」にしか聞こえなかった。大統領が崔に操られてきたとするJTBCの報道は、朴の弱点を実に正確に射ぬいたものだった。朴にとって崔一家はアキレス腱だった。朴の生涯を概観してみれば、それが唯一といっていい「闇の部分」であったことがわかる。

朴は、小学生時代までは腕白坊主のような女の子だったという。学校の成績は常に全科目で「秀」をもらった。

小学生時代の朴がどんな子供だったかは彼女が通った長忠洞初等学校の学籍簿に残された「性格評価欄」を見ればわかる。

低学年のときは「親切、礼儀、社会性、正直性、正義感」などすべての項目で最高の評価をもらっているが、高学年になるにつれ、変化が生じる。評価欄には「若干冷静すぎる」「自尊心の強い生徒」と書かれるようになった。

軍人になる前は小学校教師だった父、正熙と元教師の母、陸英修(ユクヨンス)は長女の朴に厳格な教育を心がけた。

1964年1月に陸は、韓国メディアのインタビューに、「大人っぽくなってきた6年生の長女(槿恵)は、自分の不注意と過ちが両親に影響を及ぼすことを頭に入れているらしく、すべての面において気をつけ、努力しています」と語っている。

朴も後に「私が失敗でもしようものなら両親の顔に泥を塗るかもしれないという心配で、いつも緊張して過ごすのが癖になっていた」と語っている。

独裁体制で政敵も多かった正熙に比し、国民からも広く慕われ、「国母」と呼ばれた陸が凶弾の犠牲になったのは74年8月15日。当時フランスに留学し、韓国では味わうことのできなかった自由を満喫していた朴は母の死を知らされた瞬間をこうつづった。

「全身に数万ボルトの電流が流れるような衝撃を受けた。心臓に鋭い刃物を深く刺されたような痛みを感じ、目の前が真っ暗になって何も見えなかった」

そんな彼女に「あなたのお母さんが私の夢に出てきた。娘を助けてほしいと言われた」と近づいてきたのが宗教家を名のる崔太敏だった。

左派の標的は「親日の父」

１９７９年10月27日の未明。朴槿恵は電話のベルの音に起こされた。受話器の向こうからは父、朴正熙の秘書官の震える声が聞こえた。「早く支度をしてください」

朴は背筋がぞくっとした。母が亡くなったときの記憶が稲妻のようによみがえった。しばらくして大統領府秘書室長がやってきた。

「閣下（朴正熙）が亡くなられました」

まだ、完全に目がさめないまま、彼女が発した第一声は「前線（南北軍事境界線）は大丈夫ですか」だったという。

16歳の誕生日を2週間後に控えた68年1月、北朝鮮特殊部隊員31人が青瓦台（大統領府）近くまで侵入してきたことがあった。74年に北朝鮮に思想教育された在日韓国人の銃撃で母を失っていた朴は、今度もまた北朝鮮の仕業だと思ったのかもしれない。

朴正熙は、青瓦台近くの安家で側近中の側近だった中央情報部長に撃たれ死亡した。

朴はその日のことをこう回想する。

夜明けごろ、父の遺体は青瓦台に移された。ひつぎの前にはびょうぶをたてた。

「私は凍りついた。誰かが私の背中に短刀を突き立てたとしてもなんの痛みも感じなかったことだろう」「子供のように泣いて取りすがりたかった。目の前には泣きじゃくる妹と弟がいた。泣き声が漏れないように口を結んで泣く弟の姿に胸が引き裂かれそうだった」

事件から１カ月もたたない11月21日。朴が妹と弟の手を引いて青瓦台を去るとき、父の側近の多くはすでに彼女らから離れていた。

こうした中でも、いや、こうした状況下だったからこそ、崔親子は朴のそばに居続けた。

韓国政治の非情さをだれよりも知る朴はなぜ政治の世界に入ったのだろうか。

彼女を動かしたのは97年に韓国を襲った通貨危機だった。国家破綻の危機に見舞われた韓国は国際通貨基金（ＩＭＦ）の管理下に置かれたが、愛国心から多くの人が金の指輪やネックレスを国に差し出し、大人からもらった小遣いを献金する子供もいた。

自叙伝で朴は「青瓦台を離れてから私は悲しさを忘れ、心の平和を手に入れようとした。しかし国の根幹が揺らいでいるのに私だけが安易な生活をおくることはできなかった。私は〝政治家・朴槿恵〟の道を歩む決心をした」

その年の12月。大統領選投票日を8日後に控え、朴は保守系政党ハンナラ党の李会昌(イフェチャン)候補の支持を宣言、応援演説を始めた。

翌年2月、朴はハンナラ党に入党、大邱(テグ)市の国会議員補欠選挙に立候補した。長い沈黙を破って政治の世界に現れた朴は、メディアの話題を独占し続け、行く先々には人だかりができて彼女を取り囲んだ。

「アイゴ（あら）、こんなに立派になって。よく耐えてきたね」と慰める人や千ウォン（100円相当）札を小さく丸めて朴の手に握らせるおばあさんもいた。多くが朴正熙を知っている高齢の世代だった。朴は相手候補に24％の差をつけ勝利した。

しかし、父の存在は彼女にとって力の源泉であると同時に弱点でもあった。

朴が大統領選挙に立候補を表明したとき、左派系のハンギョレ新聞はこう書いた。

「わが国の現代史が歪曲されずに教えられていたら、こんなめちゃくちゃな現象（朴槿恵人気）が現れただろうか！　朴正熙が親日派であった事実が教科書に記され、クーデターを起こし、人権を蹂躙(じゅうりん)したという事実が知らされていたなら、その娘が大統領候補になることなどあり得るだろうか?!」

朴と左派との戦争は、朴が政治家を目指した日から避けられないものだった。

誤算だった左派取り込み戦略

２０１２年８月、朴槿恵は保守系セヌリ党（当時）の大統領候補に確定した。出馬宣言で朴は「私の人生は大韓民国と一緒でした」と語り始めた。「母は凶弾に撃たれて亡くなりました。耐えがたい苦痛と困難を私が克服できたのは、母が残した空白を埋めなければという責任感と使命感があったからです。そして国民の皆さんが一緒にいてくれたからです」

党内予備選で84％の票を獲得。圧倒的な強さを見せたが、対立する左派陣営は「凶弾で両親を亡くした、朴正煕（元大統領）の娘を売り物にしているからだ」（ハンギョレ新聞）とこきおろした。

この日朴は父についても口を開いた。「父を亡くし苦痛に耐えていた私は平凡な生活を望んだが、（父の世代が汗と涙でつくった）国家が危機にさらされるのを座視できなかった」

ところが、選挙期間中に朴を悩ませ続けたのは、ほかならぬ「父」であった。左派陣営は、朴正煕が日本の陸軍士官学校に通い、関東軍支配下の満州軍将校として服役した「親日経歴」や、軍事クーデターを起こした前歴を問題にし、朴に「立場の表明」を迫った。

予備選挙を1カ月後に控えた12年7月、ソウルのプレスセンターで開催された討論会でも朴に集中した質問は「父に対する立場」だった。「1961年に朴正熙が起こした軍事クーデターをどう思うか」という記者の質問に朴はこう答えた。

「当時を振り返ってみてください。わが国民は、草や木の皮を食べながら飢えをしのぎました。世界で下から2番目に貧しい国で、安保的にもとても危険な状況にありましたので、父としては不可避の最善の選択をしたと思います」

朴正熙がクーデターを起こしたのは、初代大統領の李承晩（イスンマン）が不正選挙の責任をとり下野を余儀なくされた約1年後のことだ。李退陣後の韓国は革命前夜を迎えたかのように混迷の度合いを深めていた。

米中央情報局（CIA）報告書など米国が近年公開した資料を基に書かれた『韓国における国づくり』（グレッグ・ブレジンスキー著）によれば、当時警察幹部の多くが組織を離れた結果、社会秩序は乱れ、治安は悪化の一途をたどっていた。

左派系の学生民族統一連盟が北朝鮮との直接対話を唱え、軍事境界線を目指してデモ行進するなど過激な行動にでた。それに保守団体が反発、両陣営は熾烈（しれつ）な攻防を繰り広げた。まさに内戦状態だった。

選挙に詳しい漢陽（ハニャン）大学教授、李英作（イヨンザク）博士によれば、韓国の有権者は保守系、左派・進歩系、無党派に3分される。保守系は朴正熙を肯定的に評価するが、左派・進歩勢力は朴正熙の経歴のみならず、経済発展の実績も否定する。

「誰が大統領になっても構わないが、朴槿恵だけはだめだ」（2012年6月10日付ハンギョレ新聞）というのが左派の主張だった。

朴が大統領選に勝つためには無党派層のみならず左派・進歩勢力の一部を取り込む必要があった。

朴は「理念、階層、世代、進歩と保守を区分けせず、100％の大韓民国を作るつもりだ」と公約に挙げ、遊説では左派系の抱き込みを優先した。政敵であった盧武鉉元大統領（09年5月に自殺）のお墓まいりをして献花し、未亡人のグォン・ヤンスクを訪ねた。

12年12月の大統領選で朴は51・6％の票を獲得。韓国憲政史上初めて過半数の票を得た大統領、東アジア初の女性大統領と、国内外の期待を一身にあびたが、左派系までを取り込もうとした政治姿勢は誤算であったことがすぐに判明する。

禍根を残した大統領選の世論操作疑惑

２０１２年の韓国大統領選挙は左派・進歩勢力と保守勢力がそれぞれの存在をかけた戦いを展開した。

当初、左派・進歩系からは民主統合党の文在寅、進歩正義党からは沈相奵（シムサンジョン）、統合進歩党からは李正姫（イジョンヒ）、無所属の安哲秀（アンチョルス）らが立候補したが、土壇場で野党側は候補一本化へ傾いた。

12月4日、大統領候補者による第1回のテレビ討論がおこなわれた。朴槿恵は、裏では文との候補一本化を進めながら討論会に出てきた李にこう言った。

「候補一本化を口にしながら討論会に出た理由が理解できない」

すると李は「これだけは覚えておきなさい。私はあなたを落選させるために出たのよ」と敵意をあらわにした。そしてこう続けた。「あなたの父は日本軍将校になった（正確には満州軍）高木正雄こと朴正熙ではないか。血はごまかせないのよ」

討論会の視聴率は34・9％を記録した。

事実上、朴と文の一騎打ちとなった12年の大統領選は最後の最後まで結果が読めない状況が続いた。

投票日が近づき、両陣営とも予期せぬミスが起きるのではないかと戦々恐々としていたところへ「国家情報院（国情院）が朴を当選させるため世論操作をしている。朴への投票を促す〝テックル（インターネット上の各種サイトに書き込んだ文をさす）〟を組織的に大量に流布している」という内部告発が文陣営に寄せられた。

民主統合党が疑惑を「暴露」したのは12月11日。大統領選挙は８日後に迫っていた。情報源は元国情院幹部を名乗る男性だった。後に明らかになるが、国情院内部にも３人の協力者がいた。

男性は国情院の心理戦部門で〝テックル〟を専門とする女性職員の身分を割り出して尾行。マンションを特定した後、駐車場に止めてあった職員の車とわざと接触事故を起こす方法で、部屋番号まで特定して通報したという。スパイ映画の秘密工作を連想させるやり方だ。

11日夜、民主統合党所属の国会議員らが取材陣をつれ、職員の家を急襲。職員が逃げられないよう35時間にわたって出入り口を封鎖した。マスクで顔を隠し、ドアを開けようとする職員を押し込み、部屋の中に突進しようとする国会議員と女性がもめる場面はテレビ中継を通じて有権者に伝えられた。

16日夜、文と朴の最後のテレビ討論が行われた。

朴「文候補は、自ら人権派弁護士を名乗りながら、国情院女性職員の件について一言も謝罪の言葉がない」

文「女性だろうが男性だろうが選挙法を違反したか(しなかったか)が問題だ」

テレビ討論が終わってから1時間後の同日深夜、警察は〝テックル事件〟に関する中間捜査結果を発表、「(女性のパソコンには)〝テックル〟などの痕跡はなかった」と明らかにした。

しかし、文陣営は反発。朴の当選が確定した後も国情院長、捜査を指揮した警察関係者らを選挙法違反などで告発、左派・進歩系市民団体は「朴槿恵下野(退陣)運動」を開始した。

「朴政権発足後ずっとその正当性に疑問を抱かせるものとなった」(17年3月10日付韓国日報)テックル事件は、朴政権に影のようについてまわった。

そして文政権は17年8月、テックル事件に関連したとされる三十数人に対する再調査を開始した。

親北の現職国会議員が「内乱」計画

朴槿恵が大統領に就任した2013年、北朝鮮は米韓合同軍事演習に際し、例年になく厳しい態度をとった。3月30日、北朝鮮は「政府・政党・団体特別声明」を発表して「この時刻より南北関係は戦時状況に突入する」と宣言、南北の和解と協力を象徴する事業として元大統領、金大中時代に造った開城工業団地を「容赦せず閉鎖」すると威嚇、10日後には5万人に上る北の労働者全員を工業団地から撤収させた。

発足したばかりの朴政権に揺さぶりをかけるのが狙いとみられたが、朴は「(北朝鮮が)危機感をあおって脅しをかけると(われわれは)妥協し、支援するという悪循環を繰り返してきた」と述べ、断固としてあしき「慣習」を断ち切る意向を表明した。

しかし7月に入って、北側は開城再開について話し合いたいと提案してきていた。北側が「折れた理由」について当時の韓国統一部高官は筆者に「一度〃いや〃と言ったら融通が利かない朴槿恵の性格を北が知ったからではないか」と解説した。

南北の緊張は高まり、軍事衝突が心配されるなか、韓国国内では「内乱」を企てる集会が秘密裏に開かれていたことが発覚した。

国情院の関係者が、「現職国会議員が、自らの率いる地下革命組織RO(Revolutionary Organization)に、南北間で戦争が勃発した場合、韓国国内の基幹施設を破壊する準備をせよ、と指示を出していた」ことを突き止めたのだ。

国情院が入手した録音記録によれば、5月10日から12日の間、左派・革新系の統合進歩党（統進党）所属の国会議員、李石基（イソクキ）がRO組織員約130人を集めて次のような指示を出した。

「戦争が勃発したら大韓民国体制を転覆し、自主的民主政府を樹立して統一革命を完遂する」「そのために首都圏（ソウル）地域にある電話局2カ所を攻撃する計画と京畿道平澤（ピョンテク）にある油貯蔵庫など主要基幹施設を攻撃できるよう準備せよ。私製爆弾をいつでも作れるようインターネットの爆弾製造の内容を熟知するように」

集会で李は、米帝国主義、宗派分子といった北朝鮮式言葉を多用しながら、「いま、（朝鮮半島情勢は）危機だ、危機だ、というが何が危機だ。戦争なんだ」と気勢を上げる一幕もあった。

李は国会議員の特権を利用して、電力供給が中断された場合の放送通信産業の対応マニュアルや使用済み核燃料処理方法に関する研究状況などの機密資料を関係当局に提出させ、閲覧していた。

李は1990年代、北朝鮮の指示で創設された韓国最大級の親北地下組織「民族民主革命党」の地方幹部を務めた。2002年5月に逮捕され、懲役2年6月の実刑判決を受け服役したが03年、元大統領、盧武鉉の「特別赦免」を受けた。公安事件での赦免は異例だった。しかも、その2年後には被選挙権回復を果たす。盧政権の大統領秘書室長を務めた文在寅の措置だったとされる。

国情院が李に対する内部調査を始めたのは元大統領、李明博時代の10年だったが、野党勢力の反発を恐れたことや決定的な証拠がなかったことから、李が国会議員になるのを座視するしかなかった。朴が大統領に就任した後、国情院は「盗聴許可」をとりつけ、ROに対する捜査網を狭めていった。

国情院と検察が行動に出たのは8月28日。ROの幹部および統進党関係者の家宅捜索に乗り出した。

朴が李の逮捕同意案に署名したのは9月2日。国会本会議で投票が行われ、賛成多数で可決された。

左派の排除に乗り出した朴は、ルビコン川を渡ったのだった。

「従北」勢力排除へ強硬姿勢

内乱を扇動した極左政党、統合進歩党（統進党）議員、李石基に対する逮捕同意案には、野党の重鎮であった文在寅を含む国会議員のほぼ1割が反対または棄権に回った。

統進党代表、李正姫は抗議の断食を始めたが、朴槿恵は「従北」勢力を「大韓民国をむしばむがんのような存在。早く取りのぞく必要がある」と断固とした姿勢を示し、統進党の解散請求にも署名した。

「統進党の綱領は、党内の核心勢力、地下革命組織（RO）が内乱陰謀を企てたことからもわかるように、北韓（北朝鮮）の対南革命戦略を追従するもの、すなわち〝従北〟姿勢が明確になったから」というのが主な理由だった。

李正姫は朴退陣運動を展開すると宣言した。李正姫の呼びかけに真っ先に応じ、援護射撃をしたのは全国民主労働組合総連盟（民労総）だった。

民労総は韓国プレスセンターで記者会見を開き、「朴政権は民主・進歩勢力に対する弾圧を即刻中断せよ。統進党に〝従北〟のレッテルを貼ることで弾圧に成功すれば、労働者の権利を主張する労働組合、民主と進歩を主張する市民が弾圧の対象になりかねない」との声明を発表した。

民労総が激しく反発するのには理由があった。統進党は、金大中時代の2000年に発足した「民主労働党」の流れをくむ政党だが、民主労働党の母体となるのは民労総の傘下組織だった。

韓国でいわゆる「進歩」を自任する政党は例外なく民労総と持ちつ持たれつの関係

にある。李石基が「私の心のなかの同志たち」（12年4月20日の李のツイッター）と称した「韓国進歩連帯」とする組織もそうだ。

進歩連帯の正体について保守系紙、朝鮮日報の元記者はこう説明する。

「国家保安法撤廃、米軍撤収、（北朝鮮との）平和協定締結、連邦制統一を唱え、反米デモを主導した団体だ。彼らのいう連邦制統一はひとことでいえば北韓による吸収統一だ」

この団体は年間800回以上の集会、デモ、記者会見を主催する政治闘争を専門とする組織でもある。

民労総はこのような「進歩」政党、市民団体の砦と言ってよい。

傘下に数千人に上る大手テレビ局、新聞社の記者、編集者からなる言論労組、7万余人が所属する小中高校教師の全国教職員労働組合（全教組）、15万人の公務員を有する公務員労組を含む73万人あまりの組合員を抱える巨大組織でもある。

大統領に就任した朴は「勇敢」にも、真っ先に民労総に戦争を仕掛けた。

李石基の検挙に続いて間もなく、民労総の核心的な組織ともいえる全教組を非合法団体に指定。組合の不法デモには厳格に対処する姿勢を見せた。

朴政権で政務首席秘書官を務めた朴俊雨(パクジュヌ)によれば13年12月、朴槿恵は与党議員との晩餐でこう述べたという。

「李明博前大統領が左派の摘発や排除をしなかった。だから国がこんなざまになった」

同じころ、民労総は激烈なデモ行進を敢行、大規模ストライキに踏み切ったが、朴は5千人に上る警察官を動員してストライキを主導した民労総幹部の強制拘引に乗り出した。

韓国憲法裁判所が統合進歩党の解散決定を下したのは、朴が大統領当選2周年を迎えた14年12月19日だった。

その翌日、朴は「民主主義を確固として守ってくれた歴史的な決定だ」とのコメントを発表した。しかし、「従北」勢力がそれで完全に排除されたわけではなかった。くしくも決定から2年3カ月後、朴は同じ憲法裁判所から罷免を言い渡されることになる。

セウォル号事故の対応に失敗

朴槿恵が左派との戦いで機先を制したかに見えた2014年4月16日、予期せぬ事故が政権を襲った。

３００人を超える犠牲者を出し、世界を震撼させた旅客船セウォル号沈没事故だ。朴の道徳性への致命打となり、無能ぶりをさらけ出すきっかけとなった事故は今も不明な部分が多い。

事故から約8カ月後に韓国海洋安全審判院特別調査部が発表した「特別調査報告書」によれば、14年4月15日午後9時、修学旅行の生徒ら５００名近い乗客を乗せ仁川港から済州島へ向かったセウォル号は、16日午前10時34分ごろ完全に沈没した。船舶を（勝手に）改造したため復原性（平衡を保つ能力）が弱まったこと、貨物を規定の2倍以上積みながらきちんと固定しなかったこと、操舵ミスが重なったこと――などが原因と結論づけられた。

潜水士の資格をもち、海に詳しい朝鮮日報元記者、キム・ドンウクは、半年にわたる緻密な取材をもとに、事故は操舵手の「連続変針」（針路を5度ずつ2回変更）が原因で船が傾きはじめたと断じる。

50万文字にのぼる調査報告書、『連続変針』を書いたキムは「事故は残念ながら16日の10時34分をもって終わっていた。それなのにこんなに長引くとは想像もしなかった」と語る。

事故はまるで朴のせいで起こり、対応を間違ったため無垢な命が失われたかのような「印象」が定着してしまった。

それは政権がメディア対策に失敗し、アマチュア以下の対応に終始したからにほかならない。

事故の1カ月後、朴は「セウォル号関連対国民談話」を発表した。

メディアにあおられた国民の怒りが政府に向けられるなか、朴はテレビカメラの前に立ち涙を流しながらこう謝罪した。

「高貴なる犠牲が無駄にならないよう、事故を大韓民国が生まれ変わる契機にしたい。事故直後、積極的に人命救助を展開していたなら犠牲を大きく減らせただろう。海警（海洋警察）の救助は事実上失敗した」

当時、メディアの批判は海警の救助活動や体質に集中したが、朴は世論に迎合し、海警を守らなかった。これが取り返しのつかないミスとなった。

『連続変針』によると、海警は救難信号を受け取ってから30分で事故現場に駆け付け、四十数分もの間に172人を救助した。先進国の事例に比べても、たたえられるべき対応だったが、メディアはこぞって「なぜ全員救出できなかったか」と批判を浴びせた。

救助船が到着したとき船はすでに60度に傾いていた。船長と船員が脱出してしまったため船内と連絡がとれない。何人がどのあたりに残されているのかすら把握できない状況だった。

１７２人を救助する間に船の甲板は垂直の壁と化し、やがて転覆した。専門家によれば海警が駆け付けた時点ですでに船内への進入は不可能だった。海警のヘリが２時間遅れたとの報道も誤報であったことはすぐ判明したが、メディアは怒りのはけ口をさがす遺族とともに政府のすべての対応にいちゃもんをつけ国民感情をあおった。

そもそも、10時34分に事態は決していた。手の施しようがない状況下であるにもかかわらず、〝的確に対応していれば、より多くの人命が救われた〟かのような談話を発表したことが政府批判を招いた。

朴政権末期に大統領秘書官を務めた男性は筆者に、「大統領もスタッフもメディア報道に惑わされた。調査結果が出る前に〝海警解体〟を口にしたのが決定的なミスだった。そこでみんなが事故責任は政府にあると確信してしまったのだろう」と悔しそうに語った。

初動の遅れは朴の「空白の７時間」という格好の攻撃材料を生み出した。大統領の資質を疑う声が強まり、朴政権は左派との戦いで守勢に回ることとなる。

「空白の7時間」沈黙の代償

旅客船セウォル号沈没事故は朴槿恵の指導力に決定的なダメージを与えた。朴の事故当日の動静が追及されるようになったのは事故から2カ月余がたった2014年の7月だった。

国会に呼ばれた大統領秘書室長（当時）、金淇春（キムギチュン）は野党議員から「その日、大統領はどこで何をしていたのか」と問われ、「大統領がどこにいたかについて正確には知らない」と答えた。

国家的大惨事が起きたというのに秘書室長たるものが大統領の所在すら把握していない――との答弁は世間を驚かした。側近すら遠ざける朴の政治スタイルが垣間見えた。

テレビ画面を通じてこのやり取りをみた遺族や市民団体は朴に釈明を要求するが、大統領府は「大統領の動静は国家機密に属する」と突っぱね、後に非難の声が高まると小出しに情報を出すなど後手にまわった。

事故当日、朴が「一人の人命被害も出さないよう最善を尽くせ」と指示を出したとされるのは午前10時15分。中央災害対策本部に姿を現したのは午後5時15分。「7時間もの間、大統領は何も有効な措置を取らなかったばかりか、世間に知られては困ることをしていたのではないか」とメディアは騒ぎだした。

7月18日、朝鮮日報は「大統領をめぐる風聞」と題するコラムでこう書いた。「世間では、その日『大統領が某所で秘線（影の人）と一緒にいた』との噂が作られた」

コラムは、朴が一緒にいた秘線は、宗教家の故崔太敏の娘婿でかつて7年間も朴の秘書官を務めた鄭潤会（チョンユンフェ）だったとの噂があると記述した。崔一家と関わりのある人物の名前がまたもや取りざたされた。

8月3日、産経新聞のニュースサイトにソウル支局長（当時）、加藤達也のコラム「朴槿恵大統領が旅客船沈没当日、行方不明に…誰と会っていた?」が掲載された。

朝鮮日報のコラムを引用した加藤の記事は、（男性と一緒にいたとの）こうした噂が出ることは大統領個人への信頼が崩れている証左であり、「朴政権のレームダック（死に体）化は、着実に進んでいるようだ」と分析したものだった。

記者として通常の論評の範囲だが、韓国の右翼団体は「大統領の名誉を傷つけた」と加藤を告発した。出国禁止を科された加藤は検察から3回の聴取を受けた後、在宅起訴された。

検察権力を使って記者を追い詰める韓国政府の手法を欧米のメディアや報道関連団体は強く批判したが、朴は沈黙し続けた。検察は朴の内心を忖度(そんたく)して手続きを進めるしかなかった。

米国務省は15年6月に発表した国別人権報告書でこの問題を取り上げ、「厳格な名誉毀損に関する法律が報道の自由を制限している」と非難した。

この半年後、加藤には無罪判決が下された。

当時大統領府にいたスタッフの一人は最近筆者に、「独身の女性大統領に『男女関係』をにおわせる言葉を使ったのがまずかった。火消しに躍起になっていたから……」と言葉を濁した。

朴の「空白の7時間」は今も不明だが、17年2月、セウォル号事故を特集した「月刊朝鮮」には朴と親しかった国会議員のこんな発言が載っている。

記者「なぜ大統領は7時間のことを明らかにしないのか」

議員「大統領は体調があまりよくない。腎臓機能が低下していてすぐ疲労を感じるから栄養注射を打つときもある」「(06年、遊説中の朴の顔を暴漢が切りつけた事件で)大統領は顔の外側だけで70針を縫った。顔面の筋肉が切り裂かれたから後遺症もある。我慢しているんだ」

沈没事故に加え、「空白の7時間」をめぐる対応のまずさは、朴の政治的孤独さを白日の下にさらすものでもあった。

「孤高」をめざし国民や周囲から孤立

セウォル号事故の対応をめぐり朴槿恵政権への批判が高まるなか、政権発足から朴を支えてきた鄭烘原（チョンホンウォン）首相が辞意を表明した。就任からわずか1年2カ月での交代は痛手だった。朴は局面突破のため、内閣人事の刷新を試みるが難航し、鄭は結局辞意表明から1年近く留任することになる。

2014年5月22日、朴は「国民検事」として知られる元最高裁判事、安大熙（アンデヒ）を首相候補に指名した。安は検察庁中央捜査本部長在任中の03年、盧武鉉大統領（当時）の側近らの汚職を徹底捜査、有罪に持ち込んだ。

ところが、最高裁判事退任後、弁護士事務所を開業してわずか5カ月の間に16億ウォン（約1億6千万円）もの収入を得たことが「前官礼遇」（官僚時の地位を利用、利益を得るあしき慣例）にあたるとして、瞬く間にメディアの攻撃の的となった。

セウォル号事故の後、許認可権などを利用して企業から賄賂を受け取る公務員の不正が連日メディアをにぎわせており、「官フィア」（官僚＋マフィアの造語）という言葉も生まれていた。

安は不動産登記疑惑もメディアに暴露され、指名から1週間もたたずに辞退に追い込まれたが、朴は沈黙を続け、安を積極的に擁護しなかった。

6月10日、朴は大手新聞社の主筆を歴任した文昌克（ムンチャングク）を候補に指名した。ところが、序章でも触れたように、公営放送KBS（韓国放送公社）は翌日夜9時のニュースで文が11年、教会での講演で、「親日」「民族侮辱」発言をしたと〝スクープ〟した。文が「朝鮮民族は怠けもの。自立心が不足している。これはDNAだ」「韓国が日本の植民地になったのは神様のご意思」と述べたというのだ。

日韓関係史を専門とするソウル大教授は筆者にこう話した。

「報道は明らかに悪意のある編集だった。90分にのぼる講演は〝神様がわれわれに試練を与えるため苦痛を与えた。もっと努力しないと〟との趣旨だったが、誤解を与える言葉だけ抜粋された」

朴が文をKBS理事長に据えるのではないかという噂がたっていたため、左派系の「言論労組」勢力が事前に文攻撃のための材料を準備したものという。

朴はこの時点では正面突破を試みる。６月13日に内閣改造を発表、文の候補者人事聴聞要請書と任命同意案を国会に提出する構えだった。

しかし野党新政治連合は、「対国民宣戦布告だ」と反発、院内代表の朴映宣（パクヨンソン）は「首相候補らの歴史認識はとても深刻だ」「安倍内閣ではないかと疑いたくなるくらいだ」とまで言い放った。

結局、文も国会聴聞会に立つことなく同月24日に辞退を表明。それは大統領の意思でもあると述べた。

保守系言論人として知られる趙甲済（チョカプチェ）は「言論の扇動に一言の抵抗もしなかった。朴大統領の指導力と人格に深刻な疑問を抱かざるを得なくした」と批判し、「メディアに迎合して文を守らなかった朴大統領はその代価を払うことになるだろう」と警告した。

警告は事実となる。首相人事を貫けなかったことで、周辺には旧知や忠誠心のみの「人材」だけが集まった。身をていして大統領に忠告する部下がいなくなり、この時期から大統領は国政を秘線（陰の人物）に頼っているとの疑惑が持ち上がるようになった。

大統領の親族や側近が権力をほしいままにし堕落していく姿を見てきた朴は、弟や妹も遠ざけた。しかし、孤高を目指したはずの女性大統領は国民からも周囲からも孤立し、政争に打ち勝つ基盤を築けなかった。

先にも触れたように、朴は17年10月16日の公判で「法治に名を借りた政治報復は私で最後になるよう望む」と語った。朴の人生は保守と左派に分裂する大韓民国に翻弄され続けている。

第4章　積弊に執着する歴代左派政権

清算の美名の下に法治を破壊

「〝積弊（長年積もった不正腐敗）〟清算という美名のもと、占領軍のごとく国家機密に接近し、標的を決めて過去を蒸し返す。それを根拠に検察に捜査を指示、検察が従うという事態が発生している」

２０１７年11月27日。韓国国旗と国会の旗に囲まれた演台に立った国会副議長、沈（シム）在哲（ジェチョル）は神妙な表情を浮かべていた。沈は文在寅（ムンジェイン）、大統領秘書室長の任鍾晳（イムジョンソク）、情報機関である国家情報院（国情院）院長の徐薫（ソフン）、ソウル中央地検長の尹錫悦（ユンソクヨル）を、法治破壊など「内乱の罪」で刑事告発せよと呼びかけた。

沈は、大学在学中の１９８０年5月、ソウル大学総学生会長として全斗煥（チョンドゥファン）の軍事政権に反対するデモを主導したとして逮捕、投獄されたが、90年代に転向。２０００年に保守政党ハンナラ党から国会議員に立候補して5選を果たした保守系の重鎮だ。

沈は、政府の各部署に各種の「過去史真相調査委員会」が作られ、適法な手続きなしに大統領府をはじめ国情院の機密情報まで勝手に荒らされていると批判、次のように述べた。

「文政権の法治破壊を黙認できない」

与党「共に民主党」は「（朴槿恵（パククネ）前大統領の）弾劾に不服で文大統領を認めようとしない傲岸不遜な行為だ」と即刻反発、沈に副議長辞任と謝罪を要求した。

沈は続いて次のような声明を出した。「与党は私の真意を歪曲すべきでない」「文在寅の半年の国政運営を概観する限り、内乱の罪から自由ではいられない」

拘束中の前大統領、朴については、週4回の公判が半年間も開かれた。弁護人が裁判の進め方に抗議して辞任するなど結審のめどは立っていない。朴の拘束はさらに半年間延長された。

朴槿恵裁判を一回も欠かさず傍聴してきた「月刊朝鮮」元記者、ウ・ジョンチャンはこう憤る。

「明らかに憲法・刑法違反。推定無罪の原則にも反する不当な拘束だ。韓国国民は、政権ににらまれたら誰であれ、いつでも逮捕され、証拠がそろうまで監禁されるのだろう」

文在寅政権下で拘束されているのは前大統領の朴槿恵だけではない。サムスングループの事実上のオーナーである李在鎔（イジェヨン）、元大統領秘書室長の金淇春（キムギチュン）、最近では朴政権で駐日大使や国情院院長などを歴任した李丙琪（イビョンギ）が逮捕された。

李丙琪は15年の慰安婦問題をめぐる日韓合意を実らせた立役者としても知られる人物だが、国情院長時代に「特殊活動費」を大統領府に「上納」したとの疑いがもたれた。

韓国政府の特殊活動費はおおむね9千億ウォン（900億円）。その半分が国情院に配分される。しかし、特殊活動費をめぐって国情院長が罪に問われることはこれまでなかった。

盧武鉉（ノムヒョン）政権時代の07年7月、韓国政府はイスラム原理主義勢力タリバンに人質として捕らえられた23人（うち2人は殺害）を解放するため2千万ドルを特殊活動費から払った。

しかし、国情院が実際に引き出した金額は3千万ドル。中央日報（07年11月6日付）は、そのうち1千万ドルはこの年の10月に開かれた南北首脳会談の代価として北朝鮮に渡されたと報じた。

しかし、この1千万ドルに関しては追及もなく、過去史真相調査委員会の調査対象からも除外されている。

当時、首脳会談準備委員長を務めたのは大統領秘書室長、文在寅だった。

野党の自由韓国党は、文政権が現在やっていることは「盧武鉉の自殺に対する政治的報復、保守壊滅作戦だ」と批判する。

政治目的で10億ウォンの国庫金を違法に使ったとして10月に拘束された国情院の元心理戦担当官は、逮捕される直前にメディアにこう語った。

「積弊清算の名目でつくられた民間人からなる国情院改革委員会は、国情院のメインサーバーを開けている。メインサーバーには国情院のすべての情報活動に関する文書が入っている。過去のいかなる政権も前政権に対する報復をこんなふうにはしていない」

野党議員の一人は険しい表情で筆者にこう語った。

「韓国は完全に左派・従北（北朝鮮同調勢力）勢力の世になってしまった。文政権がこんな無理筋を行っているのは、保守・右派の再起を封じ込め、左派政権を永続させるためだ。積弊清算の各種委員会には従北勢力が含まれている。事態はとても深刻だ」

日韓合意も処罰対象に

韓国の与党「共に民主党」は２０１７年11月、今後徹底的な調査が必要だとする「積弊リスト73件」を文書にまとめ、１２１人の所属議員に回覧した。聯合ニュースによれば、清算すべき積弊対象には、慰安婦問題をめぐる日韓合意も含まれていた。外交部（日本の外務省に相当）内に設置された特別委員会の活動結果を土台に関連した者を〝処罰〟するという。

韓国野党議員の一人は「革命政権を看板とする文在寅政権は、李明博（イミョンバク）・朴槿恵政権時代の〝不正〟をあぶりだし、恥をかかせ、保守勢力が復権できないようにするつもりだ。盧武鉉、金大中（キムデジュン）の左派政権の問題には蓋をしたままだ」と話す。

保守系の論客、趙甲済（チョカプチェ）は韓国で起こっている現象を中国の文化大革命にたとえ、文大統領を支持する元学生運動家ら「運動圏」の勢力を「紅衛兵」と呼ぶ。

１９６６年より10年あまり中国全土を席巻した文化大革命の狂風のなか、中学、高校生らで組織された「紅衛兵」は、国家主席、劉少奇（りゅうしょうき）をはじめ多くの共産党幹部を捕らえ、市中を引きまわし、殴り殺すこともあった。政権各部署には最高指導者、毛沢東の庇護（ひご）をうける「革命委員会」と称する組織が進駐、無慈悲な粛清を敢行したのだ。

韓国経済新聞主筆の鄭奎載（チョンギュジェ）は、「文政権が進める〝積弊清算〟は腐敗を一掃し、正義を実現するためではない」と断言する。

11月11日、韓国検察は李・朴政権で国防相を歴任、後に大統領府で国家安保室長を務めた金寛鎮（キムグァンジン）を拘束した。2012年の大統領選期間中、朴に有利な世論を形成するためサイバー司令部傘下530心理戦団に〝テックル（インターネット上の書き込み）〟工作を指示したという疑いだった。

野党院内代表（国会対策委員長に相当）の鄭宇澤（チョンウテク）は「彼は北朝鮮が一番怖がる軍人だった」とし、こう続ける。「金国防相がサイバー司令部を大幅に強化したのは、当時、北韓（北朝鮮）が電子戦兵士3万人を育成していたからだ」

15年、南北軍事境界線の韓国側に北朝鮮が地雷を埋設して韓国軍兵士2人が大けがをする事件が起きたとき、金は北朝鮮向けの拡声器放送を再開するよう命じた。金を憎んだ北は、金に見立てた人形を猛犬がかみちぎる映像をテレビで流した。

中央日報は「金正日（キムジョンイル）・金日成（キムイルソン）時代をふくめ、金寛鎮ほど北韓指導者にストレスを与えた国防相はいない。そんな人が拘束された。金正恩（キムジョンウン）が快哉（かいさい）をさけぶだろう」（11月13日付）と嘆き、こう続けた。「罰は罪の重さに比例してはじめて正義となる。正義が度をすぎると残忍になる。金寛鎮を監房に送った本当の理由が李明博元大統領を拘束するためであるとすれば、政治報復、標的捜査だとの批判を受けても仕方ないだろう」

金が拘束された翌日、李は「〝積弊清算〟という名目でやっていることが（文の）鬱憤晴らしなのか、それとも政治報復なのかと疑うようになった」と発言。

李の側近とされる元高官は「政権を握って半年しかたっていない彼らが李元大統領のことを知っていると言っても限界がある。私たちは5年間も政権にいた。われわれのほうが、盧政権（の積弊）について知っていることは多い。（中略）先にけんかを売るつもりはないが、検察が無理筋の捜査をするなら対応するしかない」と語った。

これらの発言から1週間後、金は保釈された。

韓国の左派と右派の対決は今に始まったものではない。そのルーツは金大中という、左派・進歩勢力の元祖にさかのぼる。

金大中の秘密資金3千億ウォン

韓国検察が朴槿恵・李明博政権時代の高官を次から次へと逮捕している最中の2017年12月8日、金大中政権（1998年～2003年）で国家情報院2次長（次官級、大統領が任命）を務めた金銀星が左派政権にまつわる前代未聞のスキャンダルを暴露した。

金銀星は、金大中政権時代の2001年、当時の国情院長、辛建の指示で6つの市中銀行から総額3千億ウォンの秘密資金を工面したが、それがどこへ使われたかは知らないと明かしたのだ。金銀星によれば、3千億ウォンの指示を下したのは青瓦台（大統領府）だった。

金の証言はかなり具体的だ。「2001年上半期のある日だった。辛院長が青瓦台で週例報告を終えた後の午後3時半から4時の間に私に電話をかけてきました。『市中銀行を使って3千億ウォンを準備しろ。青瓦台の会議で決まった』との指示でした」

金によれば当初国情院は、ひとつの市中銀行で3千億ウォンを工面しようとしたが、一銀行だけでは難しいことが分かり、6つの銀行から集めることにした。

金は部下を直ちに某銀行に派遣した。しかし、頭取は「一つの銀行で用立てるには金額が大きすぎる」と難色を示した。「これは青瓦台の指示だ」と言うと、6つの銀行で500億ウォンずつ借りられるよう仲介してくれたという。

青瓦台から戻ってきた辛に金が、「銀行からは誰が（お金を）取りに来るのかと聞かれましたが……」と尋ねると、辛は「青瓦台がやるだろう。私たちの仕事はここまでだ」と答えた。

数日後、金はソウル市中心部の光化門近くのレストランでこの件を取り仕切った中心人物とされる金大中の側近に会い、次のような会話を交わしたという。

金「政権後半期に銀行からそんな巨額のお金を引き出せば政治問題になる。6つの銀行が関与しているので秘密保持も難しい。頭取以下の担当者らも知っているはずだ」

側近「私一人でやったことではない」

金「大統領も知っているか（大統領の指示か）」

側近「……」

最大の疑問は、金大中政権が3千億ウォンを何に使ったかだ。

金銀星にインタビューした「週刊東亜」は次のように記す。

「3千億ウォンを工面する1年ほど前、金大中政権が（2000年6月の）南北首脳会談のために約5千億ウォンを工面したという事実を思い起こせば、3千億ウォンも北朝鮮と関連のあるお金ではないかという推測が可能だ」

01年当時、金大中政権は北朝鮮に対する融和政策に腐心していた。

金大中政権末期に韓国産業銀行総裁を務めたオム・ナギョンは、回顧録で「当時（01年ごろ）、金大中政権は財閥企業のSグループにも対北朝鮮事業に参加せよと圧迫していると聞いた」と話す。

金が、秘密資金疑惑を暴露してから10日近くたったが、韓国大手メディアはこぞって沈黙を貫き、野党も問題提起をせずにいる。

韓国メディア事情に詳しい大学教授は匿名を条件にこう話した。「韓国には2万人ほどの記者がいるが、多くが左派寄りの言論労働組合に牛耳られている。金大中という名前を触りたくないんだ」

親北政権のルーツは金大中

韓国の左派・進歩勢力は頻繁に離合集散を繰り返したため理念や主義主張だけでその系譜をさかのぼるのは至難の業だが、今日の政権与党「共に民主党」のルーツが金大中（1924～2009）にあることは間違いないだろう。

金大中ほど韓国人に憎まれ、愛された政治家はいない。独裁権力と戦った民主化の闘士とたたえられる一方、〝大統領病患者〟と呼ばれたように権力の亡者だったとの批判も絶えない。金大中に対する支持不支持は韓国では左派と右派、進歩と保守を分けるリトマス試験紙にもなっている。

韓国南部全羅南道出身の金が政治の世界に足を踏み入れたのは朝鮮戦争休戦翌年の1954年だ。以後、複数回の落選などさまざまな曲折を経て、63年の選挙でようやく安定した国会議員の地位を手に入れた。

71年に大統領選に出馬するが、当時では考えられない選挙公約を打ち出した。北朝鮮と交流を始めること、郷土予備軍を廃止すること、大衆が参加する福祉分配政策を実施するとの内容だった。

東西冷戦の真っただ中、北朝鮮を擁護するような発言で金には「アカ」のレッテルがはられる。

大統領選で金は朴正熙と熾烈な戦いを展開した。二人の戦いは、金の出身地の全羅道（湖南）地域と朴の出身地の慶尚北道（嶺南地域）との対決の様相を呈し、この選挙を機に湖南地域は左派・進歩、嶺南地域は右派・保守の牙城となり、地域間対立は左派と右派との対立へと発展するのである。

再選を果たした朴は翌年10月、非常戒厳令を発令、国会を解散して憲法を停止することを骨子とする「大統領特別宣言」、いわゆる「維新」を発表した。

当局に仕組まれた交通事故の後遺症治療のため日本を訪問中だった金は、朴政権を非難する記者会見を東京で開いたあと米国への亡命を決意。73年7月、金はワシントンで韓国民主回復統一促進国民会議（78年に韓国では反国家団体に指定）を結成、8月に日本支部結成のため訪日した。

金の秘密資金を追跡しつづけた国際ジャーナリスト、孫忠武（ソンチュンム）はこの時期の前後、金は北朝鮮から秘密裏に資金提供を受け、国外の親北朝鮮団体・人物との連携を強化したと証言する。金日成と親密な関係にあった音楽家の尹伊桑（ユンイサン）らと連帯していたというのだ。金の国外における「民主化闘争」の実態についてはベールに包まれた部分が多く、真相は北朝鮮の資料が公開されるのを待たねばならないだろう。

73年8月、金は都内のホテルから拉致された。「金大中拉致事件」だ。

いったんは死のふちに追い込まれながら生還したこの事件によって金大中は瞬く間に「独裁政権と戦う不屈の闘士」として名をとどろかせた。

朴の司正秘書官などを務めた元側近の董勲（ドンフン）は筆者にこう証言した。

「朴大統領は拉致事件に関与していない。部下の忠誠競争によるものだ。大統領はわれわれに『余計なことをして、彼を有名にしてしまったのだ』とおっしゃったことがある」

その後、数々の政治の修羅場をくぐりぬけた金は87年、92年の大統領選挙に新党を結成して挑むが落選。直後に「私は今日をもって国会議員を辞職し、普通の市民に戻ります」と政界引退宣言した。

ところが97年に引退宣言を翻し、3度目の正直ならぬ4度目の大統領選に出馬、当選を果たした。

このときは政治生命をかけて戦ってきたはずの朴の支持勢力と手を組み、連立政権樹立を持ちかけたことが功を奏した。

韓国に左派・従北勢力が跋扈（ばっこ）するようになるのは、これ以降のことだ。

北の工作が煽った「南南」対立

韓国の市民団体が北朝鮮寄りの姿勢へ傾き、「左派」へと変質していくのは、北朝鮮の工作によるところが大きい。北朝鮮の対南戦略の基本は「南南葛藤（韓国人同士の葛藤、政府と市民団体との対立）」を誘発し、決定的な時機をとらえて一気に韓国を乗っ取ることだった。

そのため、北は韓国の「民主化運動」を積極的に支持、支援する。市民団体は北朝鮮の支援を闘争の動力にする。両者は持ちつ持たれつの関係にあり、金大中はこの両者から頼りにされ続ける存在だった。

北朝鮮が待っていた「決定的な時機」は意外とあっけなく訪れた。1979年10月26日、16年もの間絶大な権力を握っていた大統領、朴正熙が部下の中央情報部長に暗殺された。

南北の体制競争で北朝鮮の敗色が色濃く出始めた70年代末期、北朝鮮の対南工作はより大胆になっていった。秘密裏に対南工作活動を繰り広げる一方、77年に統一戦線部を作り、堂々と韓国の著名人、市民団体の抱き込み攻勢を始めた。

日本人拉致事件が頻発するのもこの時期と重なる。日本人になりすまして堂々と工作活動を行うためだった。

朴暗殺後、大統領代行に就任したのは首相の崔圭夏（チェギュハ）だったが、力の空白を埋めることはできず、政局は混乱の渦に吸い込まれていった。崔は、従来の憲法の規定により実施された12月の選挙で大統領に当選するが、在野勢力は新憲法を制定してからの大統領選挙を求めた。

翌年2月、崔は朴政権時代に逮捕・拘束された政治犯を赦免、金らの公民権を回復し、事態の沈静化を図るが各種集会やデモはますます盛んになった。時を同じくして労働争議も増え、のべ20万人あまりの労働者がデモに参加。5月にはいると韓国北東部、江原道（カンウォンド）東原炭鉱で4千人余りの炭鉱労働者とその家族が4日間にわたり炭鉱一帯を占拠する事件がおこった。巷では北朝鮮が攻めてくるとの噂でもちきりだった。

　こうした状況に危機感を募らせ、クーデターで軍の実権を握った全斗煥らを中核とする新軍部は、5月17日午前に全軍主要指揮官会議を招集し、戒厳令を強化（戒厳令の全土拡大）することを決議、非常戒厳令拡大措置を発表した。政治活動を禁止し、全国の大学は休校措置がとられた。そして金を戒厳令布告違反で逮捕、金鍾泌（キムジョンピル）や李厚洛（イフラク）ら（元中央情報部部長）朴政権の主要政治家も不正蓄財容疑で連行した。

　金の出身地の湖南地域では、光州を中心に激烈なデモがおきる。5月18日、デモを鎮圧するため光州に進駐した陸軍空挺（くうてい）部隊は大学を封鎖するが、それに抗議する学生や市民との間でもみ合いとなった。武装した市民を鎮圧するために軍隊が投入された。27日まで続いた光州事件は「民間人１６５人が死亡した」とされる（５・18事件、検察捜査記録による）。「５・18」は韓国が民主化へと大きくかじをきる契機を提供した一方、左派・進歩勢力に大きな政治的空間をつくる役割も担った。

全は回顧録で当時の状況をこう記す。「多くの人々が知らないことは、光州事件が本当に民主化のための平和デモだったかという点だ。デモ隊は、軍需業者の自動車工場を襲撃して戦車と軍用車両を奪い、４時間のうちに38カ所の武器庫を襲撃して銃器５４００余丁、弾薬28万８千発、爆薬２１８０トンを奪取した」

この事件の首謀者とされた金は、軍事裁判で死刑を宣告され（後に減刑、２００４年に無罪）、１９８２年12月再び米国亡命への途に就くが、民主化運動はむしろ勢いを増していく。

「金で買った」南北首脳会談

４度目の挑戦で大統領の座を手に入れた金大中はすぐさま、それまでの対北朝鮮政策を大幅修正した。南北間の交流を増やし、経済支援を拡大、ひいては平和統一を実現するとの融和政策へとかじを切ったのだ。

１９９８年４月には「南北経済協力活性化措置」を発表、企業の対北朝鮮事業を積極的に奨励する。

そこに一番乗りしたのが、北朝鮮南東部、江原道生まれの鄭周永（チョンジュヨン）が率いる現代グループだった。北朝鮮は金剛山（クムカンサン）観光など７つの大型事業の独占的な権利を現代に与える代わりに巨額の見返りを要求した。

投資効果の疑わしい現代の事業を金大中政権は資金面の融通などで支え、同時にこれを南北首脳会談の足掛かりに利用した。

現代の仲介で史上初の南北首脳会談が実現するのは２０００年６月。ところが、世界の注目を浴びたこの会談は２年もたたないうちに、「金で買った」との疑惑が持ち上がる。

保守系雑誌「月刊朝鮮」は、02年5月号で米国議会調査局が作成した「米韓関係報告書」をもとに「南北会談のため、政権は国家情報院を使って金正日の海外の秘密口座に4億5千万ドルを送金した」と報じた。

韓国国会で疑惑が追及されるのは報道から4カ月後。保守系の野党ハンナラ党議員の厳虎聲（オムホソン）と証人として出席した韓国産業銀行元総裁、厳洛鎔（ナギョン）との間でこんなやり取りがあった。

議員「米議会の報告書によれば、現代グループは北に事業代価として支払ったお金の他に、秘密裏にさらに4億ドル余（米議会報告書では5億ドル。現金4億5千万ドルと、5千万ドル相当の現物）を支払った。これが軍事費に転用された可能性があるとの指摘があったが、追跡の結果事実と判明した。（中略）産業銀行が現代商船（現代の子会社）に4億ドルを貸した当時、あなたはまだ総裁職にはいなかったですね」
証人「はい」
議員「総裁就任後、（4億ドルを回収しようとすると）現代側は『このお金はわれわれではなく、政府が責任をもつべきだ』と返済を拒否したというが」
証人「その通りです」
議員「では、そのお金は誰がどこへ使ったのですか」
証人「それはわかりません。ただ、『政府が返すべきお金だ』という説明がありました」

実は、この国会質問は疑惑を暴露するため、2人が計画したものだったことが最近明かされた。
17年3月に出版された回顧録で厳洛鎔は、「現代グループの資金の流れをみたがとても混乱していた。こんな状況でまた資金要請があった。私は使途不明の支援要請に対し『口頭ではなく文書で要請しろ』と突っぱねた。すると、政府関係者らが激怒しているると聞いた。結局、私は公職（総裁）を去るしかなかった」

暴露したのは「隠したままだと、心のがんになりそうだったから」という。

そのきっかけは、02年6月、韓国の延坪島（ヨンピョンド）付近で起きた南北艦船の軍事衝突で韓国軍兵士6人が戦死したことだった。

「延坪海戦で北朝鮮が使った装備にわれわれが提供した資金が使われたかもしれないと思うと黙っているわけにはいかなかった」

厳洛鎔は有力紙の記者に連絡をとり、資料を渡して送金疑惑を暴露してほしいと頼んだが、記者は「今はまだその時期ではない」と断ってきた。

このため、旧知のハンナラ党議員、厳虎聲に国会での追及を依頼したのだ。

首脳会談の直前、現代が北に支払った巨額の現金の他に、金大中政権が金正日の秘密口座に4億5千万ドルを送金していたという事実はその後、韓国の特別検察の調査でも明らかになる。

南北首脳会談から半年後。金大中は見事にノーベル平和賞を受賞した。金の支持勢力からすれば、それは対北政策に対するお墨付きでもあった。

左派政権も腐敗と無縁でなかった

左派政権もまた、腐敗とは無縁でなかった。金大中は政権末期に連続して起きた側近と家族の不正事件に悩まされた。任期1年を切った2002年5月、三男、弘傑（ホンゴル）が36億ウォンにのぼる賄賂を受け取った疑いで、6月には次男、弘業（ホンオプ）が脱税などの疑いで逮捕された。国会議員だった長男、弘一（ホンイル）も人事をめぐって賄賂を受け取ったとして金の退任直後に在宅起訴された。

次男の逮捕直後に金は声明を発表し次のように謝罪した。「生涯さまざまな苦難を経験しましたが、こんなに悲惨なことが起きるとは思っていませんでした。これはすべて私の間違いであり、至らなかったからです」

3人の息子全員が不正に関与しているとの噂は逮捕前からあった。週刊誌「時事ジャーナル」は、01年12月30日、「金大中の3人息子」の疑惑を報じる記事で「世間では、『これから大統領を選ぶときは子供がいないか未成年者を選んだほうがいい』という言葉がはやっている」とつづった。

次期政権が保守勢力に渡った場合の政治報復を恐れたのだろう。金の与党、新千年民主党の動きはこれらの報道よりも早かった。

01年8月、金の支持基盤であり、左派の牙城として知られる韓国南部の都市、光州で新千年民主党は「国政弘報大会」を開いた。

この大会には党内の次期大統領候補とみられていた韓和甲（ハンファガップ）、鄭東泳（チョンドンヨン）、盧武鉉らが顔をそろえた。

真っ先に演説に立ったのは金の側近中の側近で「リトルDJ」（DJは金大中（Dae Jung）の略称で小さい金大中の意）と呼ばれる韓だったが、会場からはヤジが飛んだ。金をうまく補佐できなかったとの不満の表れだった。次に立ったのは、キャスター出身の鄭だったが感動のない演説だった。

しらけた空気のなか、登場したのが盧だった。盧はこう口火をきった。

「私は何より義理を大事にする人間です。DJにめぐりあったおかげで損をしたこともあります。それでも私は義理を守ります」

会場の空気が変わり始めた。盧はこう続けた。

「DJが失政をしたとして多くの人が罵（ののし）っていますが、そんなことをしたらDJも終わりです。他のところでDJを罵倒するのは仕方ないですが、ここ光州市民は絶対そんなことをしてはなりません。私は釜山（湖南地域）のヤツだからこんなことを言うんです」

そのとき会場にいた現首相、李洛淵(イナギョン)はこう振り返る。「盧の演説が終わった途端、会場はひっくり返りました。ひとことでいうと歓呼のるつぼでした。そのとき、私は彼の可能性を感じました」

盧の演説は韓国の「地域感情」に火をつけたのだ。

盧は1946年、韓国南部の慶尚南道金海(キメ)で生まれたが、本籍は金大中とおなじ全羅道だ。学縁、地縁を大事にする韓国ではどこの生まれで、本籍がどこかは重要だ。66年に釜山商業高校を卒業して農業協同組合の就職試験をうけるが不合格。定職につけず日雇い労働をしながら9年間の独学の末に司法試験に合格した。盧は当時の気持ちを「その瞬間ほど幸せを感じたことはなかった。妻は私の膝に顔を埋め、ワンワン泣いた」。

2002年の大統領選を取材したソウル放送記者、オム・グァンソクは著書『大選(大統領選)陰謀』で「金大中は予備選が始まる前から盧武鉉に好感を抱いていた」と記した。

オムによれば、金は「保守系候補に勝てる人、自分を裏切らない人を選んだ」。湖南地域の支持は必須だった。与党の予備選には7人が立候補したが、02年4月、盧が公認を射止めたのだった。

親北を隠さなかった盧武鉉

与党公認の大統領候補になるまで盧武鉉は左派系列の政党で主流に属していたわけではなかったが、予想外の行動に出る政治家として有名だった。

1988年、国会議員に初当選した盧は、秋に行われた国会聴聞会で全斗煥政権の不正を調査する特別委員会の委員として現代グループ会長の鄭周永を追い詰めた。その場面がテレビで生中継され一躍有名になった。

国会議員の多くが鄭に畏敬の念をもって質問にたつなか、盧は鄭を厳しく追及した。強いなまりに、庶民的な言い回し。直球を好む盧の熱弁に熱烈なファンができた。

さらに盧は予想外の行動に出た。2000年、当選の可能性の高いソウル鍾路区の公認を拒否して釜山から出馬した。盧の落選直後、インターネットでは「落選に涙が止まらなかった」という書き込みが殺到。市民参加型の左派系ニュースサイト「オーマイニュース」は、その現象を「鬱憤が豪雨のごとく降り注いだ」と報じた。

その後、光州地域を中心にネットを通じて結成されたのが「ノサモ（盧武鉉を愛する集い）」だ。200人で始まったが瞬く間に全国に広がり、7月には、有名俳優のミョン・ゲナムを代表に選出。「盧武鉉を大統領に」とのスローガンを掲げた。

一方で盧だけは駄目だという人々も多かった。保守派が問題にしたのは彼の「対北朝鮮観」だった。義父の権五石（グォンオソク）は1949年に南朝鮮労働党に加入、朝鮮戦争中に慶尚南道昌原（チャンウォン）郡労働党副委員長として一般市民の虐殺に加担したとして、殺人などの疑いで逮捕歴のある左翼活動家だった。

2002年4月6日、光州から始まる予備選挙に立った盧は義父の経歴を問題視して攻撃してくる人々にこうまくし立てた。

「私は、義父のことを承知のうえ、妻と結婚しました。妻は子供たちも立派に育てたし、私たちは愛しあいながら生活してきました。そんな妻を捨てろというんですか？そうすれば大統領の資格があって、妻を愛し続ければ資格がないというんですか？」

この演説以降、盧は親北姿勢を隠そうとしなくなる。5月の仁川地域の遊説で「（私は）南北対話だけ成功させられたら、他のことはすべてだめにしても構わないと思っている」とまで発言した。

韓国では、北朝鮮という壁、地域という壁をうまく乗り越えなければ大統領にはなれない。この選挙では特に対北姿勢が重要な判断基準となっていた。

米大統領、ジョージ・W・ブッシュはこの年の一般教書演説で、国際原子力機関

（IAEA）査察団を追放し、国際条約を無視して核開発を続けようとする北朝鮮を「悪の枢軸国」と非難した。韓国国内では保守勢力を中心に、「カネとモノ」を北朝鮮に「貢いだ」左派政権に反感が広がっていた。

盧は選挙遊説中に対北姿勢で批判してくる他の候補に「ならば戦争をするつもりなのか」と強く反論して論点をうまくすりかえた。

韓国では全羅道を中心とする湖南地域の票だけでも、慶尚道を中心とする嶺南地域の票だけでも大統領にはなれない。忠清道（チュンチョン）の票をだれが取るかが肝心だ。

02年の選挙には、嶺南地域の支持を得ている野党ハンナラ党候補の李会昌（イフェチャン）、忠清道が支持する与党系の李仁済（イインジェ）らが出馬したが、過剰な自信に陥っていたハンナラ党は忠清道出身の李仁済を積極的に抱き込もうとしなかった。

この選挙を取材したソウル放送のオム・グァンソク記者は「李候補がもう少し李仁済を取り込んでいたら結果は違っていたのに」と話した。

左派の「世紀の偽暴露」が選挙を左右

左派政権の継続を阻止すべく野党ハンナラ党は清廉潔白でクリーンなイメージを持つ元最高裁判事、李会昌を大統領選の公認候補に選んだ。金大中の側近や親族の腐敗が国民の怒りを買う中、対照的な李を出して勝負に出たのだ。

李はソウル大在学中に司法試験に合格。空軍将校として兵役を終えた後、最高裁判事などを経て金泳三（キムヨンサム）政権では国務総理を務めたエリート。盧武鉉とは対照的な経歴と経験を有するうえ、公職に就いていた40年間、賄賂を受け取ったこともなかった。軍事政権下でも原則を曲げない判決を出したことでも有名だった。

2002年5月21日、左派メディア「オーマイニュース」は、李に関する衝撃的な記事を掲載した。「兵役不正専門捜査官」（後に詐称が判明）と称する金大業（キムデオプ）の告発によれば「李は、息子2人の兵役逃れの事実を隠蔽（いんぺい）するため対策会議を開き、関連資料を破棄した」というのだ。

一報が出たあと盧陣営は「特権層の代弁者、李会昌を審判せよ」との論評を発表する。

その後、金は「李候補の夫人が息子の兵役を免除させるため兵務庁職員に1千万ウォン以上を渡した」「そのとき交わされた会話を録音したテープがある」と〝暴露〟した。

後にテープは偽造したものだったことが判明するが、〝物証〟が出たことで一部メディアは、李はそういうことをしないかもしれないが、夫人ならあり得るかもしれないとの論調をはる。実はこのテープは、テープ製造日が会話を録音したとされる日より後だったことが判明するが、それは大統領選挙が終わったあとのことだった。

裁判記録によれば、金は詐欺の常習犯で、軍病院に在職していた1985年に診断書を偽造する方法で約20人から賄賂をうけとったとして懲役1年の実刑判決を受けていた。

李の息子は2人とも体重が規定に達していないとの正当な理由で兵役が免除されていたが、有権者にはそのような説明は通用しなかった。結果的に金の「世紀の偽暴露」は選挙の行方を大きく変え、李の支持率は大幅に落ちた。

当時、ハンナラ党選挙対策委員長を務めた徐清源（ソチョンウォン）は、こう振り返った。

「2002年の大統領選は金大中政権が組織的に陰湿な裏工作を繰り広げた選挙だった。（中略）工作選挙に対してわれわれが未熟だったのは事実だ」

李を熱烈に支持した国会議員、イ・ウォンチャンは「盧を支持した左派勢力は、政治は下手だったけれど宣伝術にはたけていた。新聞に『戦争か平和か』と広告を出し、李会昌が大統領になれば戦争になるという高度な宣伝術を展開して一般庶民を攻略した」と話す。

選挙戦の途中までリードしていた李は終盤にきて失速、金大中の路線を継承する盧が僅差で大統領に当選した。李の得票率は46・59％、盧の得票率は48・91％だった。

大統領に当選したものの盧は、前任者の金大中のように「派閥」をもっていなかった。与党公認候補になったときは現役議員でもなかった。

盧の支持基盤は政治圏外にいる「ノサモ」に加え、学生運動出身者、湖南地域の有権者に限られていた。彼らは政治的に分け合える権力や権益がなかった分、政治的理想を共有しており、結束力も強かった。

このような「アマチュア政権」に保守勢力は当初から拒否反応を示した。盧は回顧録『成功と挫折』で「政権をスタートさせてみると、相手は私を認めてもくれないし、いろいろ努力しても対話を開く（反対層との話し合い）のがむずかしかった」と振り返っている。

金正日呼び捨てに「敬称を使って」

大統領に就任してまもない2003年5月11日、盧武鉉は米国を訪問するが、それまでの反米姿勢とは打って変わって親米的な発言を連発し世間を驚かせた。

ニューヨーク滞在中の13日、「53年前（朝鮮戦争時に）米国が助けてくれなかったら、私は今ごろ政治犯収容所にいたかもしれません」と発言、さらに「米国に来るときは頭の中で好感を持ったが、来て2日のうちに心で好感を抱くようになった」とまで述べた。

翌日には「米国は他人のために犠牲を払った人々が生活する国だ。自由と正義が常に勝利してきた国、本当にうらやましい。良い国だ」と絶賛した。

これに「ノサモ（盧武鉉を愛する集い）」と左派団体は一斉に反発した。後日、一連の発言について、盧に近い人物はこう擁護した。「大統領には金日成の思想を信奉する側近らが同行していた。大統領の一挙手一投足はもちろんのこと寝室まで彼らに監視されていることへの鬱憤を（親米発言という形で）吐きだしたのだと思う」

盧自身は初訪米での親米発言の理由を回顧録でこう記した。「南北問題を解決するためには親米もし、親北もし、親中も、親露、親日、すべてやらなければならない」

しかし、初訪米後は当初のように北朝鮮を擁護する発言を躊躇せず繰り出した。04年11月、南米歴訪の途中で立ち寄った米ロサンゼルスで盧は「北韓（北朝鮮）の核保有は体制の安全を保障しようという理由がある。理にかなう」と理解を示した。

チリで行われたアジア太平洋経済協力会議（ＡＰＥＣ）の合間の米韓首脳会談で

ブッシュは「私は、本当に金正日を信頼しません」と切り出し、その理由をこう語った。「彼（金正日）は私の前任者に嘘をつきました。私は自国民を飢え死にさせるいかなる人も信頼しません」

盧は、ブッシュの説明に納得するどころか北指導者の名を呼び捨てしたことに反感を持ち、後に「（ミスターなど）敬称を使ってほしい」と要求した。

05年9月、米財務省は北朝鮮によるマネーロンダリング（資金洗浄）の疑いでマカオの銀行、バンコ・デルタ・アジア（ＢＤＡ）への制裁を発動、北朝鮮関連口座を凍結した。これは現在に至るまで北に最も打撃を与えた制裁となった。

同年11月、韓国南部の古都、慶州(キョンジュ)で米韓首脳は再び会談を行う。側近によると、盧は不満を隠さず、ＢＤＡに対する制裁を解いてほしいと強く要請した。

そのような盧を米国政府が信頼できるはずはない。ブッシュ政権で国務長官を務めたコンドリーザ・ライスは、回顧録のなかで盧を「到底何を考えているかわからない人だった」と酷評。国防長官を務めたロバート・ゲーツも回顧録で「彼は反米的でおそらく少しクレージーだと結論づけた」と記した。

盧は回顧録で自身についてこう記した。「私は教養もありません。私なんかが大統領になることがわかっていたら前もって練習すればよかったのですが、体質的に腰をよく曲げるほう（権力にこびるという意）なので、上座に座ると不安でならない」

在任中に盧は対外政策だけでなく国内政治でも失敗を重ね、任期を1年余り残した06年末の「国政運営支持度調査」では、5・7％の最低支持率をたたきだした。金大中同様、親族や側近の不祥事が相次いで明らかになり、国民の非難を浴びた。退任後に捜査が始まり、家族が取り調べを受けている最中、故郷の村の岩山から飛び降りて自ら命を絶った。

大きなダメージを受けた左派勢力の復権は当面困難とみられていたが、保守系の前大統領、朴槿恵の失政で「盧政権2期」と呼ばれる文在寅政権が誕生したのは盧の死から8年後、2017年のことだった。

第5章　保守派への恐怖政治

長期政権へ保守勢力を根こそぎ排除

「選挙結果に甘えることなく、国民だけを考えながら前に進む」

韓国大統領、文在寅（ムンジェイン）の表情は晴れやかだった。史上初の米朝首脳会談の翌日、２０１８年６月13日に行われた統一地方選挙で与党の「共に民主党」が歴史的勝利を収めたのだ。

ソウル特別市など主要な17の市・道の首長選のうち14カ所で勝利、12選挙区で同時に行われた国会議員の補欠選挙で11選挙区を制した。

文化日報は19日付で「大統領選の勝利に次いで地方権力まで掌握したことで政権交代は完了した」と論評した。

選挙結果を受けて与党は公然と長期政権を口にするようになった。「共に民主党」の次期代表を狙う元首相、李海瓚（イヘチャン）は７月29日の記者懇談会でこう発言した。

「これから20年ほど政権を握る前提で、計画をつくり実践しなければならない」

李の発言通り、韓国では「保守壊滅」「左派長期執権」が現実味を帯びてきた。地方選で大敗した保守系最大野党「自由韓国党」（旧セヌリ党、旧ハンナラ党）の洪準杓（ホンジュンピョ）は6月14日、「全ての責任を取る」と代表を辞任した。

くっきりと分かれた明暗。この敗北宣言から約2週間後、かつて洪が知事を務めた慶尚南道でこれを象徴する出来事があった。

洪にちなんで道庁前に植えられた「洪準杓の木」をクレーン車などで根こそぎ抜き取るイベントが行われたのだ。「積弊清算と民主化社会建設」と称する市民団体が立ち会っていた。

洪が慶尚南道知事を務めたのは12年12月から17年4月。知事を辞めたのは保守系候補として大統領選に出馬するためだった。

知事時代は財政改革を進め、就任から3年余で約1兆3500億ウォンの道の債務をゼロにした。樹木は債務ゼロを記念して洪が植えたものだった。

「債務ゼロ宣布式」で洪はこう述べた。

「この木をみれば慶尚南道はこれから借金などしないはずだ」

知事就任後、洪は赤字経営が長年続いていた道経営のチンジュ医療院廃止を訴えた。「民間病院の10分の1ほどしか患者をみないくせに給料は高く、福利厚生もよかった。それでも彼らは賃金をあげろと毎年ストライキを行っていた」からだ。チンジュ医療院の組合は左派系の「全国民主労働組合総連盟（民労総）」の傘下組織だった。抵抗はすさまじかった。

「毎朝私が出勤する時間を狙って家の周辺でデモが行われましたが、私は屈しませんでした」（大統領選中の演説から）

洪は「既得権維持に汲々(きゅうきゅう)とする〝貴族労組員〟たちからは医療院再生の可能性は見つけられない」と閉鎖を決定した。

15年からは学校現場も改革した。道内の全ての小中学校の生徒に提供していた無償給食制度を撤回、代わりに低所得家庭の生徒には補助金を出すことにした。この措置に野党と市民団体は激しく反発し、リコール実施も辞さないと抵抗した。

その3年後。18年の統一地方選では文の最側近、金慶洙(キムギョンス)（現在、世論操作疑惑で検察の調べを受けている）が知事に当選した。

「知事が代わったとたんにこんなことをするなんて」。寄せられた批判に道庁側は「樹木が枯れていたからだ」と説明した。実際、何度か植え替えられた樹木は黄色く変色していた。

根こそぎ抜かれたのは記念樹だけではない。保守派論客の韓国経済新聞前主筆、鄭奎載はこう指摘する。

「文在寅が政権についてから1年余、韓国の保守勢力は根こそぎ抜かれようとしている」

韓国最大の民放局が試験で思想調査

2018年7月26日、韓国最大の民間放送局、文化放送（MBC）の公正放送労働組合のトップ、李スンイムが出勤途中に緊急逮捕された。

逮捕容疑は「業務上横領、著作権法違反、業務妨害」。MBCが3月に実施した新入社員採用試験の問題を李がMBCの社内サイトに無断で公開したというのだ。

採用試験で監督官を務めた李は「試験問題が左に偏向している」と疑問を感じて公開を決断した。

試験問題は2つ。「平昌五輪の南北合同チーム」に対する考えを問うものと、「北韓（北朝鮮）の先軍政治の意味」を問うものだった。

MBCが採用試験に南北合同チームに関する問題を出したのには理由があった。南北間の融和ムードを演出するため、文在寅政権はアイスホッケー女子のチームに「無資格」の北朝鮮選手を無理やり押し込んで合同チームを作ったが成績はふるわなかった。

韓国の世論は文政権の姿勢を支持する勢力と批判的な勢力に二分された。文の擁護者たちは「スポーツ交流が統一の出発点」となったと肯定したが、格差に悩む若者の多くは「努力してきた韓国選手の出場機会を奪うもので不公平」と批判的だった。

李は当日の試験会場の雰囲気についてこう話した。「問題用紙を受け取った受験生たちは驚いた表情をしていた。忘れもしない。彼ら彼女らは、左に寄った答案をかくべきか、右に寄った答案を作成すべきか悩んだだろう」

李は公開と同時に「採用試験になぜその人の思想傾向をはかるかのような問題を出したのか。その経緯を明らかにすべきだ」と要求した。

しかし、MBCは李が問題を無断で持ち帰り、漏洩(ろうえい)したとして告発。警察は5回にわたり李に出頭を要請したが拒否されたので逮捕したという。

李の逮捕にはMBC内に複数ある労組の確執とトップの交代が影響している。

ＭＢＣには、保守系に近い公正放送労組、左派寄りの「全国民主労働組合総連盟（民労総）」傘下の言論労組、ＭＢＣ労組の３つの労組があるが、文政権になって社長に就任したのはＭＢＣ労組委員長を務めた崔承浩（チェスンホ）だ。

崔は李明博（イミョンバク）政権時代の12年、１７０日にわたる長期のストライキを主導したとしてＭＢＣを解雇された。

17年12月社長に就任した崔は「ＭＢＣ正常化委員会」を立ち上げ、08年から10年近く続いた保守政権時代にどんな問題が起きたか調査することを決めた。

崔は「李明博時代に採用された１００人余りの社員の経歴をもう一度精査するつもりだ」と明言する一方、保守政権時代に解雇された記者やプロデューサーらの復職を進めた。

李の逮捕は「正常化委員会」の調査が記者の「思想傾向」に及ぼうとする矢先のことだ。李は8時間の調べの後、釈放されたが「まさにフランス革命当時のような〝恐怖政治〟社会が到来した」と嘆いた。

韓国では政権交代と同時に放送界の顔ぶれも入れ替わる。

言論労組とは一線を画す韓国放送公社（ＫＢＳ）の公営労組によれば、ＫＢＳは39

人の記者を投入して前政権の疑惑を追及する6つの特別チームを編成したという。しかし現政権のスキャンダルについては見て見ぬふりをしているとの指摘があがっている。

KBS公営労組の18年2月の声明文にはこうある。

「文在寅政権が積弊清算という名のもと〝政治報復〟をしているという批判が高まっているが、放送がそれを助けている。これでも言論機関といえるのだろうか」

同盟の象徴「マッカーサー像」に火

朝鮮戦争の休戦協定締結から65年を迎えた2018年7月27日朝、ソウル近郊の仁川自由公園に立つダグラス・マッカーサーの銅像に火がつけられた。犯人は反米運動家を名乗る2人の牧師だった。

高さ4メートルの台座にはしごを使って登った2人は「米軍を追放せよ！　世界の非核化！　占領軍の偶像を撤去しろ」と書かれた大型の垂れ幕を下ろし、持参した布団を銅像の左の足元に積んで火をつけた。

目撃者によれば「公園の一番高いところで火が燃えていたのに最後まで警察は現れなかった」。

台座の上でしばらく反米スローガンを叫んだ2人は悠々とその場を離れ、ソウルへ向かった。その日、ソウルの米国大使館前で反米集会デモが予定されていたからだ。デモに参加した後、2人はソウルの鍾路警察署を訪ね「自首」した。

驚くべきことに2人は逮捕されなかった。警察の説明によれば「容疑は器物損壊未遂にあたるが、現行法では集会中に火刑式（国旗や肖像画などを燃やす儀式）を行っても処罰しないとの規定がある」。

朝鮮戦争は北朝鮮軍の奇襲攻撃により開戦4日でソウルが陥落。半島の南の釜山まで追い詰められた韓国軍に加勢するため、連合国軍最高司令官、マッカーサーが国連軍を率いて仁川に上陸した。像はこれを記念して1957年9月15日に建立された。保守派の論客として知られる金振元（キムジン）中央日報論説委員は、「マッカーサーは韓国の恩人だ。銅像は米韓同盟の象徴でもあるが、彼らにとっては〝積弊〟（長年にわたって積もった政治的弊害）の象徴なのだろう」と話す。

事実、北朝鮮と左派系の市民団体はマッカーサーを〝国際戦犯〟と呼び激しく非難してきた。金大中（キムデジュン）政権下の2002年7月、北朝鮮は韓国向けのラジオ放送「救国戦線」を使い「マッカーサー銅像を撤去すべき時期がきた」と扇動した。

呼びかけに呼応するかのように、韓国では「反米反戦反核闘争連席会議」などが相次いで結成され、マッカーサーの銅像撤去運動をはじめた。

その後の盧武鉉政権で撤去運動はさらに勢いづき「わが民族連邦制統一推進会議」（通称・連邦統推）や「マッカーサー銅像打倒特別委員会」と称する、銅像撤去だけを目的とする市民団体まで発足した。

北朝鮮はこれら「市民団体」の運動を、官営メディアを通じて鼓舞激励した。05年、「救国戦線」は新年の辞で「今年こそ、米軍強占（韓国を強制的に占領しているという意味）を終わりにせよ。米軍抜きにしてわが民族同士でやっていこう」などと呼びかけた。

「連邦統推」は親北朝鮮の学生団体とともに「米軍撤収共同対策委員会」を結成、05年5月10日には、69日にわたる暴力的な銅像撤去デモを繰りひろげた。

武装したデモ隊は警察官の顔を竹やりで刺すなどして多数の負傷者を出したが、罰を受けることはなかった。そしてその当時、警察・司法部門を統括する大統領府民政首席秘書官を務めていたのが文在寅だ。

その後も銅像撤去デモは毎年行われてきた。休戦協定の記念日に同盟国との友好のシンボルでもある銅像に火をつけられたというのに、文がこの問題に関心を示したという情報はない。

それより文政権は朝鮮戦争の終戦宣言を実現しようと総力をあげた。

韓国政府高官は匿名を条件に筆者にこう話した。

「終戦宣言により、米軍は韓国に駐留しづらくなり、対北交渉のテーブルから軍事オプションも消える。それは北朝鮮の大勝利だ」

積弊清算は軍防諜部隊も標的

文在寅政権の積弊（長年の政治的弊害）清算は韓国軍にも及んでいる。真っ先に標的となったのは防諜部隊の「機務司令部（略称・機務司）」だ。

機務司は2017年3月、朴槿恵（パククネ）政権下で戒厳令布告を検討する文書を作成した。朴を弾劾罷免すべきか否かについて憲法裁判所の決定が示される直前のことだ。ソウル市内では朴の弾劾を求める「ロウソク集会」と朴支持の「太極旗デモ」のせめぎ合いが激しく展開されていた。

戒厳令布告の計画は7月5日、与党「共に民主党」所属議員の李哲熙（イチョルヒ）が暴露した。

その翌日には「軍人権センター」を名乗る市民団体が、67ページにおよぶ「計画」原文と「戒厳令発令時のソウル市内の兵力投入配置図」を公表。連日の発表は「軍部にクーデターの意図があったのでは」との印象を国民に植え付けた。

配置図によれば、軍はデモ隊を鎮圧するためソウルの中心部に戦車２００台、装甲車５５０台、特殊部隊員約１４００人を含む計４８００人の武装兵力を投入するつもりだった。

文書の存在が国防相の宋永武（ソンヨンム）に報告されたのは18年3月だったが、その時点で何らかの対応が取られることはなかった。

機務司の機務副隊長で大尉の閔炳三（ミンビョンサム）は、国会の国防委員会常任委員会でこう証言した。

「7月9日の時点で宋永武国防相は、『戒厳令文書は問題ないものだ。法曹界に照会してみたが、あくまで最悪の事態にそなえて作ったもの』との認識だった」

朴の弾劾の是非をめぐり国論が二分した韓国は、実際どこへ向かうか分からない状況だった。

16年12月、文は月刊誌のインタビューに「想像しにくいが、（弾劾が）棄却されたら革命しかない」と述べた。

朴支持の「太極旗デモ」側からも過激な発言が相次いだ。朴の代理人を務めた弁護士、金平祐（キムピョンウ）は「弾劾が認められたら、路上は血に染まり、暴動が起こるはずだ。そうなればわれわれは革命の主体勢力になる」。

野党側は「このような状況下で非常事態が発生したら軍はどうすべきかを検討したものだ」とクーデター説を一蹴したが、文は「旧時代的な、あってはならないことだ」として「独立捜査団」をつくり徹底調査するよう指示した。

一方、この問題をめぐっては、別の〝疑問〟も指摘された。民間組織であるはずの軍人権センターが軍の機密情報をどう入手し、発表できたのかという問題だ。野党、自由韓国党院内代表の金聖泰（キムソンテ）は「機密文書がどうやってわたったかを調査すべきだ。文政権と（センターが）どんな関係にあるかを明らかにしなければならない」と主張した。

センターの代表を務める林泰勲（イムテフン）はかつて兵役拒否で実刑判決を受けたことがある。自身の経験から軍の人権問題の調査を続け、軍改革を主導する人物としてメディアの注目を浴びた。

金は「林のような民間人が60万韓国軍の改革を主導するとは本末転倒だ」と憤る。

辛口の時事評論で知られる韓国未来経営研究所所長、黄長洙(ファンチャンス)もこんな疑問を口にした。

「文政権の関係者も戒厳令文書はクーデター計画ではないと知っている。それでも問題にしたのは軍部を意のままに改編するための口実だったのではないか」

韓国国防省は18年8月6日、機務司を抜本再編するための準備組織を発足させた。文政権は「国防改革2・0」と称して大幅な兵力削減も進めようとしているが、「北朝鮮の機嫌取り」との指摘もされている。

盧武鉉時代よりも殺気を感じた

11年ぶりの南北首脳会談が終わって間もない2018年4月30日未明、ソウル郊外の仁川市にある平壌冷麺店が襲われる事件が発生した。

北朝鮮の人権侵害を取り上げたミュージカル「耀徳(ヨドク)ストーリー」をプロデュースした脱北者の監督、鄭(チョン)ソンサンが経営する冷麺店に男2人が侵入。床に引火物をまいた後、ドアに黄色のスプレーでセウォル号のマーク（14年のセウォル号沈没事故犠牲者をしのぶリボン状のマーク）を描き、壁に「脅迫状」を貼って姿を消した。

「脅迫状」は「お前の信念は狂っている」など鄭の「政治的な思想」を非難するもの

だった。

鄭は平壌演劇大学を卒業後、モスクワ映画国立大学に留学、1995年に脱北して「喜び組」の私生活を題材にしたテレビドラマ、「ツツジの花が咲くまでに」の脚本を書いたことで有名になった。それが金正日（キムジョンイル）の怒りを買い、北朝鮮に残された父は公開処刑された。

「耀徳ストーリー」は、北朝鮮の咸鏡南道耀徳郡にある政治犯収容所を題材に北朝鮮の人権蹂躙（じゅうりん）の実態を告発した作品だ。

鄭は襲撃事件をこう振り返る。「盧武鉉政権時代にも北朝鮮の工作員ら従北勢力の脅しがあったが怖くはなかった。でもこの事件では殺気を感じた」

セウォル号マークは沈没事故当時の朴槿恵政権の対応に批判的な左派の人々が式典などでつけるもので、保守系が嫌うマークとされる。

保守系のインターネット放送は、標的を襲って「マーク」をつけたこの事件を「ドイツでナチの追従者らがユダヤ人の商店や住宅などを襲撃した1938年11月の『水晶の夜』に似ている」と指摘し、「当時多数の国民は暴力と狂気に沈黙した」と戦慄をもって報じた。

その数日後、大統領与党「共に民主党」の関与がささやかれる世論操作事件「ドゥルキング事件」の真相究明を求め、国会敷地内で断食中だった保守系野党、自由韓国党院内代表の金聖泰が男に襲われた。

目撃者によれば、男は「(南北首脳会談で出された)板門店宣言の国会批准がなぜそんなに難しいのか」と叫んでいたという。

国会に乱入する前、男は南北軍事境界線近くの京畿道坡州(パジュ)で脱北者らによって行われた北朝鮮の実情を告発するビラ付き風船を北朝鮮へ飛ばすイベントを阻止する活動に参加していた。

男は自由韓国党の支持者を名乗ったが、当時の同党代表、洪準杓は「さまざまな状況を総合すると犯人は盲目的に文政権に追従する左派だ」と非難した。

南北の融和をうたう板門店宣言だが、皮肉にも国内では社会を分裂させるものになった。

5月には親北団体「韓国進歩連帯」の幹部らが大韓医師協会の新会長就任式に乱入し、「協会を解体しろ」と叫びながら、新会長を非難するプラカードを掲げた。新会長が板門店宣言を「国民を欺くための つなぎ合わせの文書」だと批判したから、というのが乱入の理由だった。

宣言を賛美する行事も行われた。７月７日、親北の市民団体がソウル市庁舎で南北首脳会談をテーマに募集した感想文や映像作品の優秀作を表彰する式典を開いた。映像部門の最高賞を受賞したのは、「統一韓国は核保有国になれるなど良い点が多い」と訴える内容の作品だった。

随筆部門で優秀作品に選ばれたのは「金正恩（キムジョンウン）委員長のお言葉こそ私が思っていた統一の姿」と金の発言を称賛するものだった。途中で「共に民主党」所属のソウル市長、朴元淳（パクウォンスン）のビデオメッセージも紹介された。式典は朴の肝いりの行事だった。

脱北女性の「送還」めぐり攻防

２０１８年７月29日、韓国の人権委員会は、その２年前に中国浙江省の北朝鮮レストランから集団で韓国に脱北した女性元従業員12人と支配人の男性、ホ・ガンイルに対する職権調査を実施すると発表した。元従業員らの脱北が本当に自由意思によるものなのか否かを調査するという。

ホと元従業員が脱北したのは16年４月。元従業員はいまやソウルで大学に通うなど普通の暮らしを送っているが、人権委は６人の調査官を投入して「真実」を追及する構えだ。

事件後、北朝鮮当局は、執拗に「女性は韓国政府に拉致された」と主張してきた。これに文在寅も所属していた進歩系弁護士団体「民主社会のための弁護士会（民弁）」などが同調しているため、「送還」をめぐる攻防が続いた。

18年に入って北朝鮮は女性らを帰さなければ南北間の離散家族再会など「人道主義問題の解決」は難しいと〝脅して〟きた。

事件直後から「民弁」は平壌にいる元従業員の家族から全権を委任されたとして「真相調査をすべきだ」と主張。「脱北はレストラン支配人の私益追求と国家情報院の政治的な利害関係が一致したもので、韓国当局による企画脱北の疑惑がある」として裁判所に「調査要請事項書」を提出した。

ホは5月10日、左派系に近いケーブルテレビJTBCなどのインタビューに突然応じ、「事件は国情院が計画したものだ」と「暴露」した。

ホはJTBCなどに次のように述べた。金正恩の叔父、張成沢（チャンソンテク）が突然粛清されたとき自分の親友5人も処刑され、祖国に幻滅を覚えた。14年12月、国情院の要員と接触、誓約書に署名した。そのことを知った中国当局の関係者が自分を脅迫してきたので脱出を決意した。

「国情院の要員は、女性従業員も連れてくるように言った。『危険すぎるから不可能だ』と言うと、この計画を北に知らせてお前を殺させると脅された。彼らは、朴槿恵大統領の指示によるものだと言った」

ホのインタビューが放送された後、女性たちの処遇について聞かれた韓国統一省は「放送内容を綿密に検討している」と、送還は不可能との立場をはっきり示さなかったため、議論は国会の場に移された。

5月17日、国会の委員会で統一相、趙明均（チョミョンギュン）は、韓国政府は、「（元従業員らが）自由意思で（韓国に）来たものと理解している。送還は考えていない」と答えたが、議論は収まる気配がない。

この3日後、朝鮮労働党機関紙、労働新聞は「（文政権が）女性従業員の拉致事件をどのように処理するかをみながら板門店宣言での約束を履行するか否かを考えるだろう」との記事を載せ、7月20日には「南朝鮮当局（文政権）のわが公民（元従業員）に対する態度は北南関係の改善意思をみる試金石だ」と迫った。

国情院で対北（朝鮮）政策室長を務めた経験のある金正奉（キムジョンボン）は、韓国メディアに「女性らはおびえている。自由意思で脱北したと表明すれば北朝鮮にいる家族が危ない。

帰国の意思があるのなら、今は韓国の旅券でいつでも第三国経由で北に戻ることができる」と語った。

在ワシントンの人権団体、北朝鮮自由連合の代表、スザンヌ・ショルティは米政府系メディア「ボイス・オブ・アメリカ」に「すでに（自由意思による脱北と）結論が出た事案について追加調査をするのは不合理だ」と指摘したが、民弁の幹部がメンバーに入る韓国の人権委は再調査を決めたのだった。

極左団体に手を出せない警察

2018年8月6日、朴槿恵政権下で大統領秘書室長を務めた金淇春（キムギチュン）が仮釈放され、562日ぶりに公の場に姿を現した。

紺色のスーツに身を包んだ金淇春が刑務所の正門前に姿を現した瞬間、待ち構えていた取材陣を押しのけるようにデモ隊が金淇春を囲んだ。

「金淇春、バカ野郎」「悪魔、ひざまずけ！」と大声で叫び、今にも殴りかかろうとするデモ隊メンバーのほか、金淇春の支持者や警察官ら数百人が詰めかけた現場は修羅場と化した。

やっと車に乗りこんだ金淇春をデモ隊は逃そうとしなかった。車の前に座り込む者、ボンネットに身を投げる者、フロントガラスを割る者もいた。

金淇春は車の中に閉じ込められ、40分近くデモ隊の攻撃にさらされたが、驚いたことに100人を超える警察官の誰もが暴力を制止しようとしなかった。金淇春が乗った車はフロントガラスが割れ、車体がぼこぼこにされてからやっとその場を離れた。元検事総長の金淇春の罪は左派系の文化人、芸能人に対する補助金排除リスト、いわゆる「ブラックリスト」作成指示などの職権乱用や強要だ。

金淇春に罵声を浴びせ、暴力をふるったのは、左派団体の韓国進歩連帯と17年に結成された「民衆党」所属の党員200人余りだった。

民衆党は、「民主的基本秩序に反する政党」として憲法裁判所が14年に解散命令を出した統合進歩党の残党が主軸になって作った政党だ。民衆党の代表、金鍾勳（キムジョンフン）は統合進歩党出身の国会議員だ。

民衆党党員らが金淇春を憎むのは統合進歩党解散に金淇春が中心的な役割を果たしたとみているからだ。

左派系の京郷新聞は、金淇春が大統領秘書室長に任命されたとき、次のような記事を掲載した。

「検事出身の彼は、朴正煕時代の1974年から79年の間に中央情報部5局長（対共捜査局）として多くの公安捜査を主導した」「（盧泰愚政権時代の）88年12月、検察総長に抜擢されてからは、全国民族民主運動連合（民主化運動を標榜する運動圏の統合組織とされ、傘下に200以上の団体を有していた）顧問、文益煥牧師（親北活動家として知られる）の訪北事件など多くの公安事件の捜査を指揮した人物。彼が就任してすぐ、統合進歩党事件が取り沙汰されたのは偶然ではない」（2013年8月30日付京郷新聞）

警察は「（金淇春への暴力を制止しなかったのは）逮捕などしたらデモ隊を刺激する恐れがあるから」と説明したが、保守系メディアは「荒唐無稽な弁明だ」と批判した。

韓国警察が左派に弱腰になっているのには理由がある。15年11月、朴槿恵退陣を求めてソウルで行われた左派団体主導の大規模集会で、デモ隊の一員として警察と対峙していた農民の男性が警察の放水を浴びて倒れ、病院に搬送されたが10カ月後に死亡した。

男性が入院していたソウル大病院は「死因は脳出血による病死」として警察の放水との関係を否定したが、遺族らは警察庁長官（当時）ら7人を殺人未遂容疑で告訴した。

警察はデモでは130人余りの負傷者を出し、警察車両など器物が破損したとして遺族に謝罪せず、ソウル大病院も主治医所見として「故人は急性腎不全の合併症である高カリウム血症を患っていたが、(その間)治療を受けていなかった。死因は脳出血による心停止だ」とし、警察の過剰対応ではないとの主張を曲げなかった。

風向きが変わったのは文在寅が大統領に就任した後だ。文政権発足後の17年6月、ソウル大病院は記者会見で男性の死因を病死から病気以外が理由となる「外因死に修正する」と発表した。主治医が所見を変えていないにもかかわらずだ。

18年4月、ソウルの裁判所で開かれたこの事件の公判で、検察は前警察庁長官や現場指揮をとった第4機動団長らに禁錮刑を求刑した。

金淇春の仮釈放時の〝修羅場〟の映像を見たという大学教授は、筆者の「警察はなぜそこまで無力なのか」との問いにこう答えた。

「警察は、政権の庇護(ひご)を受ける左派団体を怖がっている。(ケガ人が出るなど)一歩間違えれば、人生を棒に振るからね」

政権批判の芸術家をブラックリストに

朴槿恵政権下の大統領秘書室長、金淇春をはじめ、高官の多くは政権に批判的とみた芸術家らをリストアップし、排除に活用した「ブラックリスト」作成に関与したとして拘束、訴追された。

「ブラックリスト」の存在疑惑が持ち上がったのは2015年9月。国会国政監査で「共に民主党」の前身政党に所属する議員が、「朴政権は政府に批判的な芸術作品を文化基金の支援リストから除外しようとしている」と暴露したのがきっかけだった。「進歩的」とされる監督がプロデュースした演劇「すべての軍人はかわいそうだ」が支援対象に選ばれたものの、この監督が朴槿恵と父の元大統領、朴正熙（パクチョンヒ）を風刺する「カエル」という作品を演出したとして、支援辞退を迫られたと、具体的な事例をもちだした。

リストの存在は約1年後の16年10月に確認された。同月12日付韓国日報は、大統領府が作成したとされる政権に批判的な9473人の「ブラックリスト」を写した写真を掲載した。朴政権は、大統領候補だった文在寅支持を表明した文化人や芸能人をリストアップして文化基金支援事業から外そうとしたという。韓国政府が毎年文化部門に配当する支援額は約6兆1千億ウォンにのぼる。

韓国では人気俳優らの政治的パフォーマンスも珍しくなく、影響も大きい。

日本でも人気を集めた歴史ドラマ「朱蒙（チュモン）」に主演したソン・イルグクは12年夏、「独島（トクト）（竹島の韓国名）遠泳リレー」に参加した。ドラマ「アイリス」で知られる女優のキム・テヒも「独島愛キャンペーン」に参加、「独島は韓国の領土」とアピールした。

一本の映画が政治を変えることもある。文は野党時代、原発事故を扱った映画「パンドラ」（原題）に刺激され、脱原発を主張し始めた。

2016年9月に封切られた「パンドラ」は、原発事故をモチーフにした映画だ。大統領選の遊説中に鑑賞した文は「涙をたくさん流した。大きな災難が起きたというのに、青瓦台（大統領府）がまったく機能しないという（映画の）設定は、朴政権でよく見る姿だ」と映画を引き合いに朴政権を批判し、「韓国で原発事故が発生したら最悪の災難になるだろう。原発の追加建設を阻止する。これからは脱核・脱原発国家にならなければならない」と発言、それがそのまま脱原発の公約となった。

大統領就任後、文は建設中の原発、原電5・6号機の工事を中断すると発表した。5・6号機は朴政権時代の16年6月に着工し、文が中断を宣言する時点までに1兆6

千億ウォンの事業費が投入されていた。

事業を中断すれば1兆2千億ウォンの補償費用が発生する上、韓国が海外で展開している原発ビジネスにも影響が及ぶと危惧されたが、文は中断を強行した。

この決定に対しては、文政権に友好的なメディアすら反対の声を上げた。韓国日報は「前政権で適法な手続きを経て決めた国策事業を突然中断するのは、法手続きを無視するものだ」「専門家の間では『政権が替わるたびに政策が変わる。これでは政府を信じられないのではないか』との声が高まっている」（17年6月28日付）と報じた。

苦肉の策として政府が出した案が、原発・エネルギー関連専門家を除いた市民参加の「原電5・6号基（機）公論化委員会」を発足させ、中断の可否を判断するというものだった。

委員会は発足3カ月後の17年10月、工事再開を勧告する報告書をまとめた。中断により国が被った損失はざっと1千億ウォン。文はこんなコメントを発表した。「公論化過程を通じて、わが国民は一層成熟した民主主義の模範を見せてくれた」（17年10月22日付ハンギョレ新聞）

そもそも、「パンドラ」は複数の専門家から「科学的考察が不十分で無用に原発の恐怖をあおる」と指摘された代物だ。

保守系の政治家からは「国の指導者が映画を一本見ただけで、その内容を受け入れるとは……」との嘆きも飛び出した。

韓国の芸能人が特定の政治家への支持を表明して、本格的に政治に関与するようになったのは01年とされる。後の大統領、盧武鉉が反保守の政治家として注目されていたころだ。その年の12月、著名な映画監督、俳優、コメディアンらからなる110人の「ノムンモ」（盧を支援する文化・芸能人の集まり）が結成された。盧政権時代に「ノムンモ」は支援対象作品の選定などで絶対的な権力を行使した。

06年夏に封切られ、人気を博した映画「グエムル　漢江（ハンガン）の怪物」は、在韓米軍がソウルを流れる漢江に毒物を流したことで怪物が生まれ、市民に災難をもたらすという設定だった。また、05年に公開され、800万人を動員した大ヒット映画「トンマッコルへようこそ」は、朝鮮戦争中に敵同士だった韓国軍、朝鮮人民軍、国連軍がトンマッコルという山奥の村で遭遇、友情を育んでいくというストーリーだが、人民軍は好意的に、米軍主体の国連軍は悪意の目で描いているとの批判が出た。

ブラックリスト報道の後、文化改革市民連帯・韓国民族芸術人総連合など288の進歩・左派団体は朴槿恵退陣を求める「時局宣言」を発表、ソウル広場に繰り出して抗議活動を行った。

韓国の演劇関係者は「週刊東亜」に実情を解説する。

「支援金をめぐる文化芸術界の左派と保守の間の戦争は政権交代のたびに繰り返されてきた。（中略）政権が政策に反する作品に補助金を出さないのは当たり前ではないか。リストは補助金を削るために作られた。処罰が目的ではない」

活動家が歴史教科書問題に介入

文在寅政権発足後、韓国の各政府機関には調査委員会やタスクフォースと呼ばれる作業チームが「進駐」した。

中国の文化大革命時代に各政府機関に「進駐」して権力をふるった「革命委員会」に似たものだ。

韓国の外務省や情報機関の国家情報院など最高機密を扱う組織に市民活動家が入り込み、メインサーバーをのぞいて過去の政権の〝過ち〟を見つけ出す作業はいまも続いている。

国家百年の大計をつかさどる教育分野も同様だ。朴政権が進めていた「歴史教科書国定化」問題を調査する委員会が作られ、教科書執筆依頼を受けていた学者にまで調査は及んでいる。

２０１８年3月、同委員会は、「歴史教科書国定化真相調査委員会報告書」を発表、国定教科書は朴槿恵の大統領府が独断で企画、決定し、内容やそれまでの教科書にあった事実をどう修正すべきかに至るまで点検し、介入した「国政壟断事件だ」と断じた。

そして、朴政権で教育相などを務めた黄祐呂と徐南洙ら幹部級公務員25人を「職権乱用・背任」の疑いがあるとして、検察に告発するよう現在の教育相に勧告した。

韓国メディアの取材に公務員の一人は、「政府の指示のもと、やるべき仕事をしただけなのに、どうすればよかったというのか」と不満をもらした。（3月29日付朝鮮日報）

朴政権が中学校の歴史教科書および高校の韓国史教科書を「国定教科書」にすると決定したのは15年10月。当時、野党の代表だった文はソウル中心部の光化門広場で「歴史歪曲教科書反対」と書かれたプラカードを手にもち「一人デモ」を行った。

文はブログで「国定教科書は日帝植民地支配が、わが国を近代化させたとする親日教科書だ。維新時（１９７２年以降の朴正熙政権時代をさす）、大統領を国民は選んでいない（72年から81年まで大統領は間接選挙で選ばれた）のに、それを韓国式民主主義だと賛美する独裁教科書だ」と〝内容〟にふれて批判したが、その時点では国定教科書の執筆陣すら確定していなかった。

それまで、歴史教科書の内容をめぐっては、保守系からは左偏向が甚だしいとの批判が根強かった。

保守派が問題視していたのは主に北朝鮮と金日成に関する記述や初代韓国大統領、李承晩（イスンマン）、そして朴正熙に関する記述だった。

左派系の教科書を分析した「月刊朝鮮」（15年11月号）によれば、「（これらの教科書は）李承晩や朴正熙政権については〝独裁・弾圧・抑圧〟政権と指弾する一方、金日成政権については〝権力強化・権力独占〟と記述。（左派政権下の）太陽政策は詳細に記述しながら、（北朝鮮の攻撃で46人が犠牲となった10年の）哨戒艦撃沈事件に関する記述は省いている」。

米軍は「占領軍」、ソ連軍は「解放軍」として描写する教科書もあり、朝鮮戦争勃発の原因は南北双方にあるかのような記述もみられた。

教育省は6月8日、教科書国定化をめぐって職権乱用などの疑いがあるとして、前政権の大統領府関係者5人、教育省関連8人、民間人4人に対する捜査を検察に依頼した。

朴槿恵政権時代、国定教科書の執筆依頼を受けたが断ったというソウル大学の名誉教授は、「文政権1年余の評価」について尋ねた筆者にこう語った。

「文在寅が大統領になって単純に保守政権から左派政権に替わった、つまり『政権交代』が行われたとみているかもしれませんが、そうではありません。実は今、韓国で起きているのは『体制転換』なのです」

あとがき

私は韓国人ではないが、韓国のことが気になって仕方がない。朝起きるとまず、韓国の全ての主要紙のニュースを隅々までチェックしないと気がすまない。中国生まれながら、韓国出身の両親をもつ私にとって、韓国は「祖国（先祖の国）」だからかもしれない。

韓国政府は、毎年8月14日を「日本軍慰安婦被害者キリムの日」と定めた。韓国語で「キリム」は、讃（たた）えるという意味で、徳を讃える、先人の偉業を讃えるときに使う言葉だ。2018年8月の記念式典には大統領の文在寅（ムンジェイン）も参席してこう述べた。

「ハルモニ（元慰安婦のお婆（ばあ）ちゃん）たちが失った歳月は、われわれも忘れてはならない歳月だ。大韓民国はハルモニたちに多くの借りがあり、ハルモニたちから多くを学んだ」

一文は、ハルモニたちからどんなことを学んだかは詳しくは言わなかったが、慰安婦問題はまだ解決していないとの趣旨の話がしたかったようだ。

「国連のすべての人権機構と世界の多くの国で、毎年、慰安婦問題解決を要求する決議が採択されており、勧告が行われている」

この日、韓国の各地では慰安婦像（少女像）に献花する行事が行われ、日本を非難する声明が相次いだ。2年7カ月間、日本大使館前の少女像を守ってきたという団体「少女像ジキミ」（「ジキミ」とは守るという動詞を名詞化した言葉）に所属する活動家とみられる若い女性は、慰安婦像の前で「27年も過ぎたのに、日本政府は反省もしなければ、責任を履行しようともしない」と日本を非難する声明を読み上げた。27年前の1991年8月14日は、金学順（キムハクスン）という女性が自ら元慰安婦だったと名乗り出た日だ。

中国黒竜江省出身の私にとって、韓国はやはり遠い存在でもある。そのため、韓国人の感情を理解できないのかもしれないが、このようなニュースを読みながら「韓国は何が望みなんだろう。日本に対し〝お前のひいじいさんは悪いことした。どうしてくれるんだ〟と、ゆすってるのではないか」とつぶやくと、やはり朝鮮半島にルーツを持つ妻は「なぜ韓国のことをそんなに気にしているの」と言う。

私たちは旅行で韓国を訪れることはあっても韓国で生活したことはない。韓国のパスポート（国籍）を持ったこともない。中国に生まれ育った私たちのような朝鮮半島の後裔（こうえい）の国籍は中国だったからだ。

私はその後、日本国籍を取得した。もう二十数年になる。そんな私に「あなたはスポーツの試合を観戦するとき、どの国を応援するのか」と聞く友人もいる。そのときは「弱いチーム！」と答えることにしているが、自分の胸に手を置いてじっくり考えるときもある。

私のなかには日本と中国、韓国が混在しているからだ。私という人間の中に日本的な要素は何パーセントで、中国、韓国的な要素は何パーセントずつあるかと考える。誰もそんなことを聞いてくる人はいないが、自分の頭にそのような問いがよぎるときがある。講演などでそのような質問を受けたときは、「私は３００％人間だ。日本的な要素も、中国、韓国的な要素も１００％ずつあるのだから」と答える。現実の世界ではあり得ないかもしれないが、少なくとも学問の世界では、そのような心づもりが大事かもしれない。日中韓とも一歩引いて見つめることができるからだ。

本書の元となった産経新聞の長期連載「実録 韓国のかたち」を執筆しながら、私は絶えず自分にこう問いかけた。「韓国に対して、私は公正だろうか」と。事実をありのまま淡々と記録したつもりでも、負の一面にのみスポットを当てすぎてはいないかと、何度も原稿を読み直すこともあった。

連載を読んだ友人のなかには、「ふだん言っていることと、書かれたものは違うじゃないか」と不満げに言う人もいた。批判するなら、もっと厳しく、はっきり書いてほしかったという意味かもしれない。けれど、読んでいただければわかると思うが、実際は韓国の読者に耳の痛い話が多いはずだ。

「実録 韓国のかたち」は、企画段階から産経新聞大阪本社編集長の長戸雅子氏の後押しがあって実現したものだ。編集長などの仕事の合間を縫って原稿を読み、時には厳しく、時にはほめながら連載が終わるまでリードしてくれた。彼女の国際報道の経験に基づく的確な助言がなかったら、本書をここまで仕上げることはできなかったかもしれない。本書は筆者と長戸氏の知的労働の合作作品と言ってよい。

また、筆者に貴重な紙面を提供してくれた産経新聞社にも感謝して、筆を擱く。

李 相哲

こわれゆく国家

「北が非核化決心」という最大の嘘

文氏が同盟国や国際社会についた数々の嘘のなか最大の嘘は「金正恩の非核化の意志は確固たるものだ」と話したことだ。昨年の夏、日本との軍事情報包括保護協定（ＧＳＯＭＩＡ）破棄を巡る騒ぎでも、平気で嘘をつく文政権の体質を露呈した。

韓国政府高官はＧＳＯＭＩＡ破棄を発表した際、「米国も（われわれの決定を）理解した。韓米同盟に影響はない」と胸を張った。ところが数時間後に米当局は「韓国政府の説明は事実ではない」ときっぱり否定、「文在寅（ムンジェイン）政権に強い失望と憂慮を表明する」との声明を発表した。

米当局が公に、文政権が事実に反することを言っていると明確にしたのはこのときが初めてだった。それまで韓国から事実とは異なる発表があっても米国は「米韓は緊密に協議している」と認識の差があったことを匂わせる程度にとどめてきた。

盧武鉉政権時代に国家安全保障会議（ＮＳＣ）の情報管理室長を務めた金正奉は、「文政権は今まで米国に数々の嘘をついた。米国の我慢も限界にきたのではないか」と指摘する。

「大統領就任後、文氏が（米国に）ついた最大の嘘は『（北朝鮮の朝鮮労働党委員長）金正恩が非核化をすると言った』ことだ」と話すのは半世紀近く韓国政治を取材してきた保守派の論客、趙甲済だ。

米大統領トランプが金正恩に会う決断をしたのは文の話を信じたからという。

２０１８年3月初旬、文の特使として平壌を訪問、すぐさま米国に駆けつけた国家安保室長、鄭義溶はトランプと面会後、記者団に英語でこう言った。「私はトランプ大統領に北朝鮮の指導者、金正恩が『非核化を決心した』と話した」

鄭一行が平壌で確認したのは、金の「朝鮮半島の非核化の意志」であって「北朝鮮（金正恩政権）の非核化」ではなかった。「朝鮮半島の非核化」とは理想的な響きだが、要は在韓米軍の核戦力を朝鮮半島やその周辺に及ぼさないこと、もっと簡単に言えば在韓米軍の撤退を意味する。

国務長官のポンペオはその年の12月、第41代大統領、ブッシュの国葬で、参列していた韓国の関係者にこう言った。「非核化問題で金正恩は嘘をついている」。そして「鄭も嘘つきだ」と語気を強めたという。

トランプが文をあまり信用していないととれる出来事は他にもある。２０１９年２月のハノイでの米朝再会談が物別れに終わって焦ったのだろうか。文はトランプに会談を申し入れた。トランプからは４月11日ならと返答があった。

２０１９年の４月11日はくしくも、左派が国家の源流とする「大韓民国上海臨時政府」樹立１００周年の記念日だった。文はこの日を建国記念日に指定、大祝典を行う予定だったが、ともかくワシントンに出向いた。

韓国メディアによると会談は29分行われたが、トランプは文を隣に座らせたまま、記者団とのやりとりを27分続けた。通訳をまじえた２人だけの会談時間は正味たったの２分だった。

米国の方針と異なる内容が後にソウルで発表されることを回避するため、いわば〝公開〟の首脳会談としたのだと分析されている。

案の定、会談結果についてホワイトハウスは「両首脳は両国の目標である北朝鮮の最終的で完全に検証された非核化（ＦＦＶＤ）達成と韓半島の恒久的平和構築について話し合った」と発表したが、韓国の発表文にはＦＦＶＤの部分がそっくり抜けていた。

ＧＳＯＭＩＡ破棄の背景に「紅衛兵」スキャンダル

韓国が日本との軍事情報包括保護協定（ＧＳＯＭＩＡ）の破棄を決めた直後、最大の同盟国、米国からは異例ともいえる強い反応が出た。「文在寅政権の決定に強い懸念を表明する」（米国防総省）と声明を発表した。

韓国紙、朝鮮日報によると米国が公式の声明で「韓国」とせず、「文在寅政権」と呼ぶのは異例だという。今回の決定の責任は文に帰することを強調する意図があるという。

保守系の時事評論家として知られる鄭奎載（チョンギュジェ）はこう話す。「協定破棄は文の信念によるものとみるべきだ。文はそもそも反米主義者だ。今回の決定で米韓同盟は瓦解の危機にさらされるだろう。金正恩（キムジョンウン）は快哉を叫んでいるのではないか」。

青瓦台（韓国大統領府）国家安保室第２次長、金鉉宗（キムヒョンジョン）は「今回の決定は韓米同盟をアップグレードする契機になるだろう」（２０１９年８月23日）と平静を装ったが、そのとき、文政権は絶体絶命の危機にさらされていた。

法相に指名された文の最側近で前民情首席秘書官、曺國（チョグク）をめぐる一連のスキャンダルが韓国社会を揺るがしていたからだ。

曺國は、文の任期後半を支える内閣改造の目玉として法相に指名された。文のために前政権の「積弊（長年積もった弊害）清算」を指揮、前大統領、朴槿恵時代の高位公職者の逮捕、起訴に関与した「文在寅の紅衛兵」との異名がある。

朝鮮日報は社説でこう指摘した。「青瓦台が強引な決定をしたのは曺國法相候補をめぐる世論悪化を食い止めるため、政局を転換しようとしたのではないか。安保問題を利用するのはあまりにも無責任だ」。

「法治の原則、公平・正義」を掲げ、左派政権の「正義」を体現する人物として認識されてきた曺國だが、指名から2週間足らずの間に、巨額の遺産を相続するための偽装工作疑惑、自身が関係する特定企業に恩恵を与えた疑惑が噴出。中でも世論の激しい批判を浴びているのが娘の大学不正入学疑惑だ。

現在、釜山大学医学専門大学院（医専）の学生である娘は、これまで難関校の漢陽外国語高等学校を経て名門大の高麗大学の理工系学科、医専に筆記試験なしで入学したとされる。

娘は高校在学中の2008年、家族ぐるみの付き合いがあった壇国大学医学部教授のもとで2週間インターンをした。その後、彼女を筆頭著者とする臨床病理学に関する論文が学術誌に掲載された。共著者7人のうち、教授でもなく学位もない高校生だったにもかかわらずだ。

韓国メディアによれば、この論文が「高く評価」され、高麗大学や医専に書類「審査」のみで合格したという。

韓国のネットメディア、ホワイ・タイムスは「正義が失われた韓国社会で大学入試や司法試験だけは公正であるべきだと思う国民は多い。曺國はその領域を侵した。この疑惑は文在寅のレームダック化を加速するだろう」と非難した。

与党の支援政党といわれる正義党からも批判の声があがった。「曺國（法相）候補は適法か違法かの基準をもって各種事案に対応してきた人だ。しかし娘に対する国民の憤怒と虚脱感は法的基準以前の問題だ」。

朴が弾劾されるきっかけとなった友人の国政介入事件でも、その友人の娘が名門女子大に不正入学していた事実が民心離反の決定打となった。

GSOMIA破棄は金正恩へのお土産

文在寅が決断した日本との軍事情報包括保護協定（GSOMIA）破棄について元

米筆頭国務次官補代理、エバンズ・リビアは「北朝鮮への土産として認識されるだろう」と痛烈に批判した。

文の一連の対北政策について韓国陸軍首都防衛司令官や合同参謀次長を歴任した申源湜（シンウォンシク）は同国のネットメディアの取材にこう答えた。「文在寅は（朝鮮労働党委員長）金正恩の幸せだけを考える人だ。この2年間、高価な専用機を使って世界中を飛び回りながら金正恩を弁護した」。

2018年6月のシンガポールでの史上初の米朝首脳会談後も、北朝鮮に対する制裁を緩めようとしない米国に不安を募らせたのか、文は10月に欧州へ向かった。

国連安全保障理事会（安保理）常任理事国のフランスと英国に北朝鮮への制裁緩和に応じるよう説得を試みるためだった。

仏大統領マクロンとの会談で文は「北朝鮮に安全を保障されるとの信頼を与え、彼らに『正しい選択をした』と思わせる必要がある」と力説した。しかし、マクロンは「北朝鮮が非核化するまで制裁は必要だ」と一言で断った。

英国でも文の要求は当時の首相メイに拒絶された。文はキリスト教カトリックの総本山バチカン（ローマ法王庁）も訪れ、金正恩が法王フランシスコの平壌訪問を招請していることを伝え、文からも平壌訪問を要請した。

面会後、韓国大統領府は「（法王は）招請状が届いたら無条件に応じるだろうし行くだろうと言われた」と発表したが、直後に法王庁は「2019年の海外訪問日程に北朝鮮は含まれない」と発表した。文氏が嘘をついたのか、大統領府が事実確認を怠ったかは不明のままだ。

就任翌年の夏にソウルを訪問したローマ法王は、南北の融和に深い関心を持つとされる。しかし、韓国側の発表ではすぐにでも実現しそうだった訪朝はまだ先になりそうだ。

結果として北朝鮮に対する制裁緩和の道を開けなかった文は独自の支援の道を模索する。

2019年1月、文政権は北朝鮮に20万人分のインフルエンザ治療薬などを提供する方針を決めた。すると北朝鮮は「スイスの（大手製薬）ロシュ社のタミフルならもらってもよい」と銘柄をわざわざ指定してきた。

インフルの治療薬は韓国国内でも100種類にのぼるジェネリック医薬品（後発薬）が生産されているが、文政権は北の要求通りスイス製を用意、翌年1月に陸路で北朝鮮に送った。約35億ウォン（約3億円）にのぼるタミフル購入費や輸送費は「南北協力基金」から支出した。

韓国の中道右派「正しい未来党」議員（現在は無所属）の李彦周（当時）は「これは支援ではなく〝朝貢〟だ。金正恩に弱みでも握られているのか。なぜ、これほど金正恩の言いなりになっているのか。これ以上、国民の自尊心を傷つけないよう（北に）貢ぐことはやめるべきだ」と批判した。

北朝鮮はその後、２０１９年５月からミサイル発射実験を再開した。にもかかわらず文政権は6月に世界食糧計画（ＷＦＰ）を通じてコメ5万トンの支援を決めた。タイ産のコメなら２７０億ウォンで済むところを１３００億ウォンもかけて国産を送ることにした。

もっとも最初の船を出す準備を整えた後の7月、北朝鮮が突然「受け取りを拒否する」と伝えてきたため、コメ支援は実現しなかった。

韓国統一省は同月24日、「北朝鮮住民のためにも支援が実現することを望む」とコメの受け取りを呼びかけたが、北朝鮮は25日、それに答える代わりに短距離弾道ミサイルを発射、２０１９年だけで二十数発を発射した。

反日象徴「亀甲船」で昼食会

当時はまた、米大統領補佐官だったジョン・ボルトンが中東・ホルムズ海峡の航行の安全を確保する「有志連合」構想の意見交換のため、訪韓していた2019年7月24日、韓国大統領、文在寅は首都ソウルから遠く離れた釜山にいた。北朝鮮にたいし厳しい態度をとるボルトンに会いたくなかったのだろう。

地方自治体の首長らとの懇談会に顔を出した文は上機嫌だった。

「今日訪ねた刺し身店は釜山ではとても有名な店だ。しかし、誤解はしないでください」

と笑った。大統領ら一行が訪れたのは「亀甲船刺し身店」という名の食堂だったからだ。

亀甲船は豊臣秀吉による16世紀末の朝鮮出兵（文禄・慶長の役）で日本水軍に徹底抗戦した民族の英雄、李舜臣（イ・スンシン）が造った船だ。李も亀甲船も反日、愛国のシンボルだ。

随行員のひとりはフェイスブックに「昼を抜くわけにはいかなかったので海が一望できる海辺の刺し身店にした。ところが、その店の名前がたまたま亀甲船刺し身店だった」と書き込んだ。

偶然にこの店にたどりついたとの説明だが、大統領や知事ら数十人を突然、一度に迎え入れられるような店はそうはない。

昼食に同席した大統領府スポークスマンによれば、日本の対韓輸出管理厳格化のことが話題となり、「韓国政府の断固たる措置を高く評価する」などの発言が出たという。

文はこうも言った。「先日、全羅南道に行って『亀甲船12隻』の話をしたところ、みなとても悲壮感をもって受け止めていました」

文は、圧倒的に不利な戦況下で李舜臣が「われわれにはまだ12隻の船が残っている」と戦った過去に学ぶべきだと言いたかったのだろう。韓国ではこの戦いで「日本は31隻の船を失い、92隻が大破、8000人以上が戦死した」と教えられているが、当時の両国の記録を突き合わせてみると、異なる事実が浮かび上がる。

しかもこの昼食会の前日には、韓国が不法占拠を続ける竹島（島根県隠岐の島町）周辺をロシア軍機が侵犯、韓国軍機が警告射撃する事態が起きていた。

野党・自由韓国党のスポークスマン、閔庚旭（ミンギョンウク）は文をこう批判した。

「ロシアには文句ひとつ言えないくせに動物園からピューマが逃走したときには開いた国家安全保障会議（NSC）も開かず、日本だけを標的にあげて集中砲火をあびせている」

閔がロシアに言及したのは、ロシアの戦闘機が韓国領空を侵犯したことについてた。ピューマ逃走事件とは、2018年9月18日、大田市にある動物園からピューマが逃げ出した事態を「国家危機」と判断した青瓦台（韓国大統領府）が、NSCを開いて射殺の指揮を執った一件だ。文自身は当時、平壌を訪問中だったが、領空侵犯には反応せずにピューマに大騒ぎしたのは、一般国民の間ではピューマのほうが話題になっていたからだ。

一方で文政権はミサイル発射など北朝鮮に対応する意味でのNSC開催は極力控えてきた。

韓国の著名な軍事評論家で「国防テレビ」代表、辛寅鈞（シンインギュン）は「NSCは、開催そのものに意味がある。大統領はじめ政府が、国防に万全を期するという姿勢を見せるためだ。

ところが文大統領は（朝鮮労働党委員長）金正恩の顔色ばかりうかがっている。韓国の安保はいま重大な危機にさらされている」。

辛が指摘するように文がボルトンと顔を合わせなかったのは、金正恩への配慮だったかもしれない。北朝鮮はボルトンを「人間のクズ」と非難したことがあるからだ。

文が「亀甲船刺し身店」にいた24日、ボルトンは国家安保室長の鄭義溶と会談した。その部屋には亀甲船の模型が置かれていたが、大統領府は韓国メディアに「もともとそこに置かれていた」とそのときも〝偶然〟を強調した。

ちらつく「反米」、同盟に暗雲

大阪市で行われた20カ国・地域（G20）首脳会議の後、韓国に向かった米大統領、トランプが青瓦台（韓国大統領府）に到着したのは2019年6月29日午後8時を少し回ったころだった。

文在寅と簡単な挨拶を交わしたトランプは文夫妻の案内で晩餐会の会場に移動した。文夫人の金正淑（キムジョンスク）は鮮やかな花模様の朱色のドレスを身につけ、胸元には「青い蝶」のブローチが輝いていた。

「青い蝶」は韓国では特別な意味をもつ。米国が韓国星州に配備を進めている米軍の最新鋭迎撃システム「高高度防衛ミサイル（THAAD）」反対のシンボルだ。THAADに反対する星州の女性たちの活動を描いたドキュメンタリー映画のタイトルが「ブルーバタフライ効果」で青い蝶がモチーフになっていた。映画の主人公の名前は偶然にも金正淑。文夫人と同姓同名だ。この主人公は地域特産のマクワウリを添え「映画を必ずみてください。そして国民とともにする政治をしてください」と金正淑に手紙を送ったという。

青い蝶にそのような意味があったことをトランプは知っていたのか、どこかの時点で知らされたかどうかは不明だが、金正淑にこう語りかけた。

「(トランプの夫人の)メラニアは(金正淑)女史のすごいファンだ。彼女は女史を理想的な女性だと思っている」

と持ち上げたのだ。晩餐会の余韻が残っていたのだろうか。翌朝、再び青瓦台を訪れたトランプはまたもや金正淑を褒めちぎった。

「令夫人は韓国に対する格別な愛ととても良い力をお持ちだ。素晴らしい女性だ」とたたえ、首脳会談後に開かれた共同記者会見では「金正淑女史は特別な方だ。国思いであり、文大統領をよく補佐し愛していることがわかった」と述べた。

韓国メディアは一斉に、米大統領が何度も夫人を称賛したが、これは異例中の異例だと報じた。大統領府のスポークスマンは「女史が真心をもって歓迎したと感じたからだろう」とコメントした。

ところが最大野党、自由韓国党スポークスマンの閔庚旭はフェイスブックを通して「青い蝶はTHAAD反対運動のシンボルだ。金女史が青い蝶のブローチを付けた理由を説明すべきではないか」「トランプ大統領の帰国後、米国から正式な抗議はなかったのか明らかにせよ」と要求した。

両国間の最大の懸案でもあるTHAAD配備をめぐって米韓はいまだに解決策を見

いだせずにいる。

２０１６年７月、朴槿恵（パククネ）政権時代に配備が決まり、翌年３月に工事が始まったが、朴が弾劾されて政権が交代したため、関連の工事は中断している。ＴＨＡＡＤのレーダーから出る電磁波がマクワウリや人体に悪影響を与えるとして、地域住民と環境団体の活動家らが反対運動を続けていることに加え、文政権が「影響を調査中」などとして結論を遅延させているからだ。

配備が遅れていることを知ったトランプは「10億ドルもする武器を提供しているのに。即撤収させろ」と激怒したという。

そんなトランプが、なぜ金正淑をほめたのか。

韓国科学技術政策研究員で米政治に詳しい李春根（イチュングン）は、「ワシントンでは『トランプが誰かを褒めるときは要注意』といわれている。米軍にＴＨＡＡＤ配備をさせないのは韓国から出ていけというのと同じことだ。ＴＨＡＡＤ反対は米韓同盟をほごにするのと変わらない」と話す。

トランプの文夫人に対する「国思い」「文大統領をよく補佐している」との賛辞には強烈な皮肉が込められているのだろう。

事実誤認　空虚な大統領演説

韓国の政治は毎年、大統領が行う4回の演説によって動くといわれる。年頭の辞、3月1日の独立記念日の辞、日本の朝鮮半島統治からの解放記念日にあたる8月15日の光復節の慶祝辞、年末に国会でおこなう施政演説だ。

なかでも光復節の演説は大統領が日本とどのような関係を築くつもりなのか、歴史に対してどのような認識を持っているかを測る材料となるため日本でも注目される。

2019年の光復節で文在寅はわざわざソウルから車で1時間半の距離にある独立記念館を訪ね、慶祝の辞を述べた。スーツでなく民族衣装を身にまとった文は、演壇に立つと悲壮感すら漂う声でこう言った。

「(私は韓国を)誰も揺るがすことのできない国にすることを誓う」

その後、こう続けた。「しかし(われわれは)そのような国を実現できていない。(なぜかといえば)十分に強くなっていないからだ」。ここで韓国を揺るがす「誰も」が日本を指すのは明らかだった。

日本の対韓輸出管理厳格化の方針が示されたばかりのタイミングにしては、日本への批判は抑制されていたとの評だったが、文の本音はその2週間ほど前に開かれた緊急会議で吐露されていたといえるだろう。

日本政府が輸出管理厳格化を閣議決定した8月2日、文は「加害者の日本が盗っ人たけだけしく大声をあげるのを決して座視しない」と言い放ち、多くの日本人を驚愕させた。

日本語への翻訳過程で生じた誤解という指摘もあったが歪曲されたわけではない。文は、日本が「賊反荷杖（ジョクパンハジャン）」の態度をとっていると発言。「賊反荷杖」は「泥棒が逆上してむちを振り上げる」という意味だ。日本では使わない熟語なので「盗っ人たけだけしい」と翻訳されてもおかしくない。

この日の発言でさらに問題だったのは、つぎのくだりだ。

「（日本の措置は）強制労働禁止と三権分立に基づく民主主義という人類の普遍的な価値と国際法の大原則に違反する行為だ」

あたかも現在、日本がどこかで強制労働を強いているかのようだ。

「文の意識には過去と現在が混在している」とよくいわれるが、それはこのような言葉遣いに起因する。

それゆえ韓国内でも「空虚な言葉の饗宴だ」（最大野党、自由韓国党議員の全希卿（チョンヒギョン））との批判の声があがる。同党のスポークスマン、閔庚旭は「文政権になって韓国はむしろ誰もが揺るがすことのできる国になってしまった」と語る。

韓国政治で大統領の言葉は国の方針であり、立場そのものだが、文の使う表現に疑問符が付けられることはしばしば起こる。

7月に開かれた大統領府首席補佐官会議で文はこう述べた。「過去史（歴史）問題は韓日関係においてポケットの中の錐のようにわれわれを突き刺す」

ポケットの中の錐（嚢中之錐）は、本来「才能のある人は凡人の中に隠れていても目立ってしまう」という意味だ。司馬遷の『史記』に由来する。本来の意味通りに解釈すると「（日韓関係は）誰か才能のある人間（錐）がわれわれを突き刺す」という意味だ。

光復節ではこんな場面もあった。韓国の代表的な民族主義団体である「光復会」会長が「日本の経済報復によく対処している文大統領に拍手をおくろう」と発言した。自由韓国党代表、黄教安がこれを拒否すると、「無礼だ」と批判された。

閔はこう嘆いた。「北朝鮮では金正恩が演説すれば代議員らが起立し拍手しながら歓呼する。与党はそれを夢見ているのだろうか」

奨学金で言動矛盾　側近資質に疑問

娘の不正入学疑惑などで検察の捜査対象になっている元民情首席秘書官、曺國が法相内定を受けて秘書官を辞めたのは2019年7月26日。同月4日から24日まで曺國はフェイスブックで50を超える日本批判の書き込みをアップしていた。「重要なのは進歩か保守か、左か右かではなく愛国か利敵かだ」「問題は日本の論理に部分的、または全面的に同調しながら責任を韓国の最高裁と文在寅政権のせいにする韓国人がいるということだ」

この書き込みは、韓国国内でも激しい批判を受けた。民情首席秘書官たるものが国民を敵と味方に分けるのは、いかがなものかという批判だ。

世論の批判をよそに曺國は書き込みをむしろ増やした。「文政権は国益守護のため徐熙(ソヒ)と(日本と戦った民族の英雄)李舜臣の役割を実行している」。徐熙とは高麗時代の有名な外交官。契丹が攻めてきたとき敵陣にのりこみ、敵将と直談判して6週間の時間を稼いだという伝説が残る。

一部の韓国メディアは、「曺國は民情首席の業務範囲を逸脱し『フェイスブック政治』を通して自分の存在感をアピールしている」と批判した。曺國が異常なほど反日扇動に気勢をあげるのは「文在寅大統領の胸の内を一番よく知るから」(朝鮮日報)だという。

ソウル大教授など学者の立場から文を熱烈支持してきた曺國はこれまでもフェイス

ブックで保守勢力を批判し続けてきた。２０１３年2月には前政権で外相を務めた尹(ユン)炳世(ビョンセ)の聴聞会で、尹の娘が適切でない方法で奨学金をもらったとの疑惑が取りざたされたことに「とんでもないことだ。教授の月給をもらっている私は私立大に通う娘に奨学金を申請しないよう言ったのに。この人間は財閥に比べたら豊かではないから奨学金を申請してもよいと思ったのだろうか」と批判した。

曺國の娘はこの翌年にソウルの大学院で奨学金を受給、不正入学が取り沙汰されている釜山大学医学専門大学院でも成績がふるわないのに奨学金をもらっていた。保守系ネットテレビ代表の申海植(シンヘシク)は「文政権には曺國のように資質に疑問を抱かせる人物が多い」と話す。

曺國が青瓦台（大統領府）を去った後「日本批判」のバトンを受け継いだ国家安保室第2次長、金鉉宗がその一人だ。安保室第2次長は外交・統一政策のコントロールタワーにあたる。

8月2日、日本が韓国を輸出管理で優遇措置を取る「ホワイト国」リストから除外する政令改正を決定したときはいち早く日韓軍事情報包括保護協定（ＧＳＯＭＩＡ）破棄検討を示唆、「われわれへの侮辱だ」と日本を糾弾した。

金はサムスン電子に海外法務担当社長として在籍していたが、当時の上司の評価は芳しくない。「彼は1年働いて3年分の給料をもらった。組織に溶け込むことができないタイプだったので辞めさせた」（コリア・ポスト）。朝鮮日報によれば文が金を抜擢した理由は「闘鶏気質があるから」だという。

「外相の康京和（カンギョンファ）も不合格人事だった」と申はいう。「康は韓国外交の表の顔ではあるが、文氏の言うとおりにする以外何もできない」。元外交官の一人は、「GSOMIA破棄の決定を康は事前に知らされていなかったという報道があるがそれは事実だろう」と話す。

そもそも文は韓国国民との約束を果たしていない。大統領就任の辞で文は「分裂と葛藤の政治を終わらせる。能力と適材適所を人事採用の大原則にする。私に対する支持、不支持を問わず三顧の礼をつくして人材を任用する」と約束した。しかし、これらはひとつも実現していない。文は「この国を国らしい国にします」とも誓ったが、日本、米国と離反し北朝鮮に接近する文政権の姿勢は大韓民国の歩みを否定することでもある。国が壊れつつあると危惧する国民はむしろ増えている。

残り任期半分を切った文在寅にとって最大の試練は来る4月15日の総選挙（300

人の国会議員全員選挙をしなおす）だ。韓国最大の日刊紙の一つ『中央日報』は、2020年2月13日付社説で「昨年11月、終了直前に行った韓日軍事情報保護協定（GSOMIA）廃棄論が青瓦台（文政権）で浮上した」と書いた。

GSOMIA破棄をめぐり右往左往していた当時、文政権は「いつでも終わらせることができるという前提の下、終了通報の効力を停止する」と分かりにくい表現をつかい「破棄しないことにした」が、ここにきて「〝4月の総選挙を控えGSOMIA廃棄論が急浮上〟という報道があったのに外交部は否認するどころか〝当時の措置は暫定的なものだった〟との報道を認める発言をした」（中央日報）。つまり、4月の総選挙に有利と見込めばGSOMIAを本当に破棄することもあり得るということだ。

社説は、GSOMIA破棄は韓国経済に悪影響を及ぼすだけでなく、安保面においても大きな穴が開いてしまうだろうと指摘した後、「総選挙のために反日感情を煽り、支持勢力を結集するための政治工作ではないかと批判が出て当然だ」と締めくくった。

文氏が残りの任期を全うできるか否かは、今年4月の総選挙にかかっているという見方もある。その結果が日韓関係に影響を及ぼすのは間違いない。

日韓の間にはいまだ「慰安婦・徴用工問題」に加え、東アジア全体の平和と安全にかかわる日米韓の協力関係を象徴するGSOMIAをどうするかという問題が横たわっている。そのような意味からすれば「北朝鮮がつくった韓国大統領　文在寅政権実録」は未完のものかも知れないが、前半の2年6カ月の間に、文政権は左派政権の本質と本当のすがたをすでに露呈してしまったとみて良いだろう。その意味において文庫版は「文在寅政権記録」の完成版と言えよう。

２０２０年2月

李　相哲

・盧武鉉の思想的な傾向などについては、盧武鉉自らが書いた市民のための大衆教養書『進歩の未来』（ドンニョク、2009年11月）、『成功と挫折　盧武鉉大統領、未完成回顧録』（ハッコジェ、2009年9月）、盧武鉉財団著、ユ・シミン整理『運命だ　盧武鉉がいる』（ブキ、2012年1月）などに詳しい
・左派政権時代の対北朝鮮政策、ジョージ・W・ブッシュ政権との関係、および裏話については、金大中政権で大統領秘書室外交安保首席秘書官、統一部長官を歴任した林東源（イムドンウォン）の『ピースメーカー』（チャンビ、2015年6月）、盧武鉉政権で国家安全保障会議の事務次長、統一部長官を務めた李鍾奭の『刃の上の平和』（ゲマ高原、2014年5月）に詳しい

【第5章】

・左派政権の狙い、ビジョンなどについては、文在寅が語り、ムン・ヒョンヨルが書いた『大韓民国が問う　完全に新しい国、文在寅が答える』（21世紀ブックス、2017年1月）、文在寅『１２１９　終わりが始まりだ』（海（バダ）出版社、2013年12月）、毎日経済経済部『文在寅ノミクス　国らしい国のための文在寅政府５年の約束』（毎日経済新聞社、2017年5月）を参照
・2017年3月に作成したとされる「軍事Ⅱ級秘密」『対備計画細部資料』（67頁全文）
・脱北女性（中国の北朝鮮レストランから集団で韓国に亡命した女性ら）たちの、北朝鮮への送還をめぐる資料としては、民主社会のための弁護士会（民弁）所属弁護士らが国家情報院改革発展委員会宛に提出した「調査要請事項書」など
・ソウル放送（ＳＢＳ）が単独入手し公開した「朴槿恵政府の文化芸術系ブラックリスト」には、教授、詩人、演出家など芸術界人事48名、映画社、劇団など43団体を含む9473名の人名が含まれていた

＊主な出典・参考文献は259頁よりご覧ください

- セウォル号沈没事故の原因、事後処理の全過程については、キム・ドンウク『連続変針　逆につづるセウォル号転覆・沈没・救助報告書』（趙甲済ドットコム、2015年5月）に詳しい
- 韓国社会の不平等など社会矛盾については、ガン・ジュンマン『甲と乙の国　甲乙関係は大韓民国をどのように支配してきたか』（人物と思想、2013年5月）を参照

【第4章】

- 韓国左派の系譜については、南時旭『韓国進歩勢力研究』（青メディア、2009年6月）、オ・ビョンホン『韓国の左派』（ギパラン、2011年5月）、韓国経済新聞編集局『文在寅の人々　政府閣僚、青瓦台参謀、諮問教授　文在寅時代を導く222人探求』（韓国経済新聞、2017年5月）に詳しい
- 2017年12月11日発売の『週刊朝鮮』（2486号）「金銀星（キムウンソン）次長との単独インタビュー〝DJ（金大中）青瓦台指示受け、6の銀行を動員して3000億調達〟」
- 金大中の知られざるエピソードは、孫忠武『金大中Xファイル』（新世相出版社、1997年）、同『金大中・金正日最後の陰謀　テロ戦争の最終ターゲットは北朝鮮　国際ジャーナリスト、ワシントンから衝撃のレポート』（日新報道、2002年）、同『金日成の夢は金大中を南朝鮮（韓国）大統領にすることだった』（イポ、2010年）に詳しい。本書ではその一部を新聞報道と突き合わせながら参照した
- 「5・18光州事件」については、『全斗煥回顧録（1）混沌の時代　1979－1980』『（2）青瓦台時代　1980－1988』『（3）荒野に立つ　1988－現在』（チャザクナムスップ、2017年3月）、シム・ヨンファン『歴史戦争　権力はなぜ歴史を掌握しようとするのか？』（センガク庭園、2015年12月）などを参照
- 2000年6月、南北首脳会談開催前に金大中政権が秘密裡に金正日に巨額の資金を送金した疑惑は、2003年、国会で可決した「南北首脳会談関連対北（北朝鮮）秘密送金疑惑事件などの真相糾明に関する法律」に基づき、韓国特別検察が実施した事件捜査で事実として判明した
- 盧武鉉が大統領に当選した背景、その過程については、元大手テレビ局記者、オム・グァンソクが著した『２００２大選陰謀』（チョンオ、2003年12月）に詳しい

・文在寅のベトナム戦争に関する発言、家族史については、文在寅『運命』（BOOKPAL、2017年5月）を参照
・憲法に関する議論などは、キム・ウク『改憲戦争　民主主義が憲法に問う』（ゲマ高原、2017年1月）、ミン・ジュンギほか『韓国の政治制度・過程・発展』（ナナム、2008年4月）などを参照
・「われわれは北の崩壊は望まない」と文在寅が語ったのは『ベルリン宣言』（2017年7月6日、ベルリンのクェベル財団での招請講演）
・盧武鉉政権の北朝鮮人権問題に対する対応については、宋旻淳『氷河は動く　非核化と統一外交の現場』（チャンビ、2016年10月）
・朱星河「ソウルで書く平壌のはなし」など

【第3章】

・保守の系譜については、南時旭『韓国保守勢力研究（増補版）』（青メディア、2011年3月）、チェ・チャンジプ著、パク・サンフン改訂『民主化以後の民主主義　韓国民主主義の保守的起源と危機』（フマニタス、2002年12月初版、2014年2月改訂版）
・北朝鮮労働党中央委員会書記局で国際担当書記を歴任した黄長燁は、1997年亡命直後、韓国情報当局に「南韓（韓国）には固定間諜（工作員）5万人が暗躍しており、権力核心部にも浸透している。偶然、金正日執務室のテーブルの上に置かれた書類を見たことがあるが、そこにはその日の朝、与圏核心機関の会議内容と発言内容が詳細に記録されていた」と証言した
・2014年4月1日付労働新聞
・2014年3月、欧州歴訪中にドイツ・ドレスデン工科大学で行った演説、「韓半島平和統一のための構想」をドレスデン宣言という。宣言で朴槿恵は「南北間の軍事的対決、不信、社会・文化の障壁、国際社会と北朝鮮の断絶と孤立の障壁」という4つの障壁を取り崩すべきと話した
・朴槿恵弾劾に至るまでのＪＴＢＣの報道については、ガン・ジュンマン『孫石熙現象　信頼される言論人とはなにか？』（人物と思想、2017年2月）など
・朴槿恵の生い立ちについては、自叙伝『絶望は私を鍛え、希望は私を動かす』（ウィズダムハウス、2007年7月）、李相哲『朴槿恵の挑戦　ムクゲの花が咲くとき』（中央公論新社、2012年10月）を参照されたい

伸夫・金成浩訳『朝鮮戦争の謎と真実　金日成、スターリン、毛沢東の機密電報による』（草思社、2001年11月）に詳しい
・1945年8月以降の状況については、ソ・ジュンソク『大韓民国選挙物語　1948年制憲選挙から2007年大統領選挙まで』（歴史批評社、2016年3月）、ソ・ジュンソク『写真と絵で見る韓国現代史1945～』（ウンジン知識ハウス、2013年3月）、キム・ドンチュン『大韓民国はなぜ？　1945～2015』（サゲジョル〔四季節〕、2015年10月）、その他、李承晩、金九に関する評伝を参照
・2017年8月15日、文在寅「72周年光復節祝辞」
・ヤン・ドンアン『大韓民国建国史』（ヒョンウム社、2001年12月）の他に、エッセイ「光復70周年？　遅いが今であっても正そう」（2015年8月7日付『言論ドットコム』）など
・2000年6月の南北首脳会談については、『金大中自叙伝』1、2（サムイン、2011年7月）に詳しい
・2007年10月の南北首脳会談については、趙甲済の『逆賊謀議　金正日の前で盧武鉉はこう話した』（趙甲済ドットコム、2012年11月）に会談記録全文が収録されている
・2013年6月25日付『朝鮮ドットコム』掲載「2007年南・北首脳会談会議録全文」
・2017年4月13日、韓国記者協会・ＳＢＳ（ソウル放送）主催の第19代韓国大統領選挙テレビ討論会、4月19日、韓国放送公社（ＫＢＳ）主催の第2回テレビ討論会映像
・2018年5月28日、青瓦台（韓国大統領府）における文在寅の記者会見
・2018年7月26日、ソウル中央地方裁判所で行われた韓国放送文化振興会理事長、高永宙に対する結審公判での被告人論告文

【第2章】
・金日成教示集『在西独僑胞尹伊桑と行った談話』、『在西独僑胞尹伊桑一行と行った談話』（いずれも平壌・朝鮮労働党出版社、2000年1月）による
・2013年1月4日、ソウルプレスセンターでの講演映像テープ
・文在寅が、大統領に当選したら「躊躇せず北韓（北朝鮮）に先に行く」と発言したのは『月刊中央』2016年12月号「〝2017年大選走者リレーインタビュー〟ドオルが問い、文在寅が答える」による

朴槿恵—崔順実、スキャンダルからゲートまで』（ゲマ高原、2018年2月）、キム・ヨンチュルほか『秘線権力　朴槿恵と崔太敏の出会いから崔順実の国政壟断事態まで』（ハンウル、2017年5月）、趙甲済『言論の乱　魔女狩り、人民裁判、蝋燭偶像化、拙速弾劾、誤報と歪曲　韓国言論は今何をやっているか？』（趙甲済ドットコム、2016年12月）に詳しい
・朴槿恵退陣運動、ロウソクデモについては、月明『国民が問う　国家とは何か　失った大韓民国のゴールデンタイム、広場で花咲いた市民権力』（図書出版希望花、2017年4月）、金平祐『韓国の法治主義は死んだ』（趙甲済ドットコム、2017年3月）、ファン・グァンウ『蝋燭哲学　文在寅政府におくるある哲学徒の質問』（プルビッツ、2017年6月）、市民（自称）ジョン・サンフン『蝋燭市民革命勝利の記録』（深い泉メディア、2017年6月）に詳しい
・セウォル号事故当日、朴槿恵が某男性と密会したのではないかというチラシが出回っていると、疑惑を最初に報じたのは2014年7月18日付朝鮮日報、チェ・ボシクのコラム「大統領をめぐる風聞」
・マリー・アントワネットに関する記述は、遠藤周作『王妃マリー・アントワネット』上・下（新潮文庫、1985年3月）を参照

【第1章】
・申栄福の思想的な傾向については、本人が著した『監獄からの思索　申榮福獄中書簡』（2018年1月、1998年8月初版）、『月刊ギル（道）』（1993年5月号）、『月刊マル（言葉）』（1998年8月号）、その他に雑誌『黄海文化』（2003年秋号）とのインタビュー記事を参照した
・統一革命党事件および申栄福については、2018年9月号『月刊朝鮮』に詳しい。裁判所は、27年ぶりに統一革命党事件に関する判決文（A4判用紙で1000ページに及ぶ）を公開している
・2018年4月21日付労働新聞6面掲載の「朝鮮画」で描かれた切手の写真
・2010年2月3日付『ハンギョレ21』「金九・金奎植の南北協議が成功したならば」
・当時のソ連の対朝鮮半島政策、思惑については、朱栄福『朝鮮人民軍の南侵と敗退　元人民軍工兵将校の手記』（コリア評論社、1979年6月）、下斗米伸夫『モスクワと金日成　冷戦の中の北朝鮮1945－1961年』（岩波書店、2006年7月）、A・V・トルクノフ著、下斗米

主な出典・参考文献

本書執筆過程に資料を提供し、取材に応じてくれた学者、ジャーナリスト、評論家については、本人から要望があった場合は実名を使用せず匿名とした。

主な出典・参考文献については、章ごとに記した。各章に重複して用いた文献については初出の章で記した。

【はじめに】

・2018年1月1日付労働新聞「新年の辞」
・2018年4月27日、文在寅と金正恩の板門店での共同記者会見
・2018年6月12日付日本経済新聞「米朝首脳会談、共同声明の全文」
・2018年7月20日付労働新聞「身の程知らずの虚欲と偏見に囚われると物事を駄目にすることに決まっている」
・2018年8月22日、安倍晋三の公邸前での記者会見
・2018年4月20日付、保守系ネットメディア『ペン＆マイク』「文在寅政権による国家の破壊」

【序 章】

・韓国メディアの特徴についての記述は、李相哲『朝鮮における日本人経営新聞の歴史（一八八一―一九四五）』（角川文芸出版、2009年2月）を参照されたい
・オ・ジョンファンが韓国文化放送（ＭＢＣ）社内掲示板に書き込んだ「私の祖父は『反動分子』」は、ネットテレビ「ウ・ジョンチャンの嘘と真実」より再引用
・2017年11月13日付ハンギョレ新聞「キム・ジャンギョム栄欲の７年」
・ソン・チャンギョン『ミチン（狂った）言論』（ナヌム社、2018年4月）
・姜ヒョンギュはＫＢＳ理事を辞任後、『ペン＆マイク』にコラムを連載、当時のことを告白した。2018年3月13日付コラム「ＫＢＳ言論労組はもう静かに歴史の裏道から消えてほしい」、６月５日付「言論労組の蛮行は無期懲役に相当」などを参照
・文昌克の話の趣旨、詳しい内容については、2011年にオンヌリ教会で行われた「文昌克講演」のフルバージョン映像を参照
・「朴槿恵ゲート」報道についてはイ・ジンドン『こうして始まった

本書は、産経新聞大阪本社発行版（一部は東京本社発行版も）2017年8月8日～18年8月22日付に連載された「実録　韓国のかたち」を元に大幅に加筆、再構成したものです。なお、敬称は略し、肩書きなどは原則として、連載時のままとしました。

単行本　平成三十年十月「北朝鮮がつくった韓国大統領」改題　産経新聞出版刊

装　幀　伏見さつき
DTP　佐藤敦子
写真提供　韓国共同写真記者団

産経NF文庫

北朝鮮がつくった韓国大統領 文在寅

二〇二〇年四月二十四日 第一刷発行
著 者 李 相哲
発行者 皆川豪志
発行・発売 株式会社 潮書房光人新社
〒100-8077 東京都千代田区大手町一-七-二
電話/〇三-六二八一-九八九一(代)
印刷・製本 凸版印刷株式会社
定価はカバーに表示してあります
乱丁・落丁のものはお取りかえ致します。本文は中性紙を使用
ISBN978-4-7698-7022-7 C0195
http://www.kojinsha.co.jp

産経NF文庫の既刊本

金正日秘録 なぜ正恩体制は崩壊しないのか

龍谷大学教授 李 相哲

米朝首脳会談後、盤石ぶりを誇示する金正恩。正恩の父、正日はいかに権力基盤を築き、三代目へ権力を譲ったのか。北朝鮮研究の第一人者が機密文書など600点に及ぶ文献や独自インタビューから初めて浮かびあがらせた、2代目独裁者の「特異な人格」と世襲王朝の実像！

定価〈本体900円＋税〉 ISBN978-4-7698-7006-7

中国人の少数民族根絶計画

楊 海英

香港では習近平政権に対する大きな抗議活動が続き、「改造」政策に対する懸念が広がる。さらに内モンゴル、チベット、ウイグルへの中国の少数民族弾圧は凄まじさを呈している。内モンゴルに生まれ、中国籍を拒絶した文化人類学者が中国新植民地政策に対して警告する。

定価〈本体830円＋税〉 ISBN978-4-7698-7019-7

産経NF文庫の既刊本

朝鮮大学校研究

産経新聞取材班

幼・保・高校無償化なんて、トンデモない！　金正恩の真意とは。もはや、わが子を通わせたくない——朝鮮大学校OB、総連関係者が赤裸々な心情を語る。今だから知りたい、在日コリアンのためは二の次、民族教育の皮を被った工作活動、日本を「敵」と呼ぶ教えとは。

定価〈本体800円＋税〉　ISBN978-4-7698-7018-0

中国人が死んでも認めない　捏造だらけの中国史

黄　文雄

真実を知れば、日本人はもう騙されない！中国の歴史とは巨大な嘘！中華文明の歴史が嘘をつくり、その嘘がまた歴史をつくる無限のループこそが、中国の主張する「中国史の正体」なのである。だから、一つ嘘を認めれば、歴史を誇る「中国」は足もとから崩れることになる。

定価〈本体800円＋税〉　ISBN978-4-7698-7007-4

産経NF文庫の既刊本

日本が戦ってくれて感謝しています2

あの戦争で日本人が尊敬された理由

井上和彦

第1次大戦、戦勝100年「マルタ」における日英同盟を序章に、読者から要望が押し寄せたインドネシア——あの戦争の大義そのものを3章にわたって収録。日本人は、なぜ熱狂的に迎えられたか。歴史認識を辿る旅の完結編。15万部突破ベストセラー文庫化第2弾。

定価〈本体820円+税〉 ISBN978-4-7698-7002-9

日本が戦ってくれて感謝しています

アジアが賞賛する日本とあの戦争

井上和彦

インド、マレーシア、フィリピン、パラオ、台湾……日本軍は、私たちの祖先は激戦の中で何を残したか。金田一春彦氏が生前に感激して絶賛した「歴史認識」を辿る旅——涙が止まらない！感涙の声が続々と寄せられた15万部突破のベストセラーがついに文庫化。

定価〈本体860円+税〉 ISBN978-4-7698-7001-2